Hermes
the origin of messages and media

普格碼島的法師

THE WIZARDS OF PROGRAM ISLAND

歡 樂 自 學 寫 程 式

唐宗浩 著

目錄

第一章
火系法術：Scratch 拼圖寫程式

第二章
水系法術：讓 Python 和 Haskell
幫我們算數學

第三章
風系法術：HTML+CSS+JavaScript
開心寫網頁

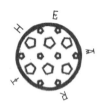

第四章
土系法術：利用 Arduino+Java
進入實體機械世界

緣起

去年四月初，兒童節剛過不久，接到郝明義先生來信，提到考慮出版少年讀者的程式書，並且提及他和唐鳳談的過程中，唐鳳建議他來問我的意見。

我本身有自學程式、創作專案的經驗，但是參與黑客圈的經歷並不長，大部分的經驗都在自學圈與教育圈。

數學教學的經驗比較豐富，中小學的數學教育，常見的問題我大都知道如何處理。程式教育則是比較新的東西，大家都還在摸索，沒有定論。我自己的經驗是，將程式視為數學的應用，把數學教育的知能用於程式教育上、搭配上藝能科實作教學的方針，兩者合起來，是行得通的。

不過，當時因為兒子還很小，我主要是在家與妻子協同帶小孩，努力從手忙腳亂中找到節奏。過程中，家庭新節奏優先，手上幾個專案都暫停開發了，一時也沒有程式方面的授課。

當時我想，只是聊聊，分享經驗和想法也是好的，因為十二年國教資訊課綱中，程式教育進入中小學，對這一點，大家當然都有期待，也希望整體是往務實有益的方向發展。如果大塊想出程式入門書，至少把點子提供一下，讓他們有個好的方向也不錯。沒想到，聊著聊著，郝先生「你來寫這本書如何？」這句話就出現了。

程式的範圍很廣，很少有人全部都懂，我對許多範圍所知也相當有限。以網路App 而言，我也只是比較熟悉用戶端、不熟悉伺服器端的開發。不過，對於入門書而言，重點不在面面俱到 ，而在引起興趣、建立初步成功經驗，以及對陌生的領

域掌握其大概的範圍和知識地圖，還有延伸學習的資源引介。

這些是我可以做的，也有意願嘗試，於是我就答應了，並且以角色扮演遊戲中常見的地水火風為程式領域分類，凸顯效果、結構、溝通、實際與效能這些程式設計師在乎的價值。希望讀者一面閱讀、一面上機操作的同時，能夠有更寬廣的視野。

兩個月的撰稿過程中，很感謝唐鳳提供的專業諮詢，以及後續大塊文化、網路與書編輯團隊在表達與圖文上的討論與細修，當然也要感謝整個網路上眾多學習資源的開發者。

總而言之，書中的知識並不是我的。我只是把不同地方學到的知識，組織重整、挑選整理成比較適合入門的樣態，並設計例子來說明，如此而已。

期望讀者將本書視為一個入門的踏腳石，經過它之後，還可以走很遠的路。

唐宗浩，2017 夏

啟程

程式王國：普格碼島

歡迎來到程式新手村！

當你正閱讀這行文字時，數以百萬計的程式也在世界上悄悄運作著。

天色漸暗，路燈亮了，曙光出現，路燈又關閉了；電梯上上下下，可以任意停靠在不同的樓層；還有具備各種功能的手機和電腦，它們都是經過程式的設計來控制的。

比較複雜精密的程式，例如工廠生產線上不斷舞動機器手臂來組合零件的機器人；人們互通書信的電子郵件和各種即時交流的社交通訊軟體；在心律不整的人體內植入自動去顫器（就是一般聽到的自動電擊器）──這些機器和設備可以很規律地在適當時間運轉，也都是依靠程式的設計來運作。

「程式」（program）是什麼，簡單來說，程式就是一種控制電腦運作的方法。這種控制方法並不是按幾個鈕，或是說幾句話就算，而是透過一組有程序、有結構的**代碼（code）**，像工作列表或食譜那樣的指令，讓電腦來為你做事，達成你想要完成的目標。

代碼又是什麼呢？代碼就是組成程式的各種零件，又被稱為**「程式碼」**。有些程式只需要少數幾個代碼組合就可以完成，就像螺絲釘、螺絲帽；有些則需要比較複雜的代碼組合，就像模型小火車需要多種零件才能讓它運轉。

會寫程式的人，一般被稱為**「代碼寫手」**（coder）。但程式不單只是代碼，就像一本書並不只是把一堆句子組合起來而已，要如何將它們有秩序地編排和組合，關係到程式的讀寫與運作是否順暢，這是很重要的。

世界上存在各種語言，像拉丁語、俄羅斯語、德語、英語、日語等，程式領域也有

各種不同的程式語言，多種多樣。有在網路上執行的，也有在單機上執行的；有困難的，也有比較簡單的。事實上，從十九世紀發明可以寫程式的打卡計算機，到今天個人電腦的普遍使用，為了因應不同範圍、不同用途、不同喜好的需求，人類發明了好幾百種的程式語言。這麼多不同的程式語言和分支，要怎麼分類、應該選擇從哪個語言入手，還真不容易。

這本書透過實際的操作情況結合奇幻世界的場景，希望能為你建立一個有趣的入門方向，引導你進入程式的大千世界。

普格碼島的法師

程式王國**普格碼**是一個島國，這裡住著許多法師，他們擅長施展各種不同的法術，而且會隨著環境或不同的族群，幻化出千奇百怪的招數，這往往讓「普格碼」以外的人覺得一頭霧水，分不清楚這些法術是如何建構起來的，只覺得既驚訝又神奇。

其實，普格碼法師施行法術的過程，看起來一點也不有趣。因為大部分的時間，他們都只是在電腦前不斷敲打著鍵盤，然後螢幕上就接著出現一行一行只有他們自己才看得懂的密碼，或者說是咒文也不為過——至少從我們這些旁人的角度來看是如此。

普格碼的咒文大都只是由不同的單字和各種符號組成，但看起來卻是這麼難懂，而且許多普格碼的法師自己也只懂得施展法術，卻不懂得如何教別人。你若想要搞清楚這些法術究竟是怎麼使的，最好還是親自跑一趟普格碼。

幸好普格碼說近不近，說遠不遠，只要在家裡打開這本書和一台能連上網的電腦，就可以在普格碼島上悠遊，循著法師們的腳步學習各種法術了！如果你還對哪些法術特別感興趣，也有專門的指標引領你走入它的世界；只要你願意主動接近，不用害怕，它是敞開大門歡迎你的。

第一次踏上普格碼這個陌生島嶼的旅人，會發現島上各處都是開放的，四通八達，有很多的出入口。雖然有明顯的標示方向，但往往不知道要先從哪個地方進去，才能找到既簡單又想學習的法術。如果不小心跑進太過困難的區域，馬上就會發現周圍的法術都太深奧了，那麼即使想學也很難上手。

一直以來，為了讓普格碼的法術能夠被外人看得懂，島上的法師們想盡各式解決方法，努力地將各種咒文按照不同派別加以區分，並透過說明文件或互動式教程（tutorial）等方式，深入淺出地引領初次到島上一探究竟的旅人。但即使如此，仍然有不少旅人覺得要入門已屬不易，恐怕難以尋找更深的路徑，因為這些咒文乍看之下似乎了解，但又好像不是真的很懂。

怎麼辦呢？幸好，不久之前，有一群法師創造了一種全新的咒文，像大量製造的零件一樣隨手可得，來到這裡的初學者不再需要學習什麼難懂的咒文，只要像拼拼圖一樣，把這些現成的咒文拼起來，就可以施行法術了。

至此，進入普格碼王國學法術的道路就變得容易多了。這些火系法術的所在地，也就是旅人通常被帶往的第一站，它叫作「火之森林」，位在島的西方。

不過，也有人因為拼拼圖寫程式很簡單，就在火之森林裡迷失了，沒有去探索其他地方，因此本書還會加入水系、風系與土系這三大類型法術的入門介紹。

╱火之森林╱

旅人拿著望遠鏡，從普格碼島外遠遠看著火之森林。在落日的餘暉中，滿天的晚霞映照著大地，這時可以看到島上有許多火把堆，只見火焰忽高忽低，冒出各種顏色的煙，把星空渲染成一片金黃色。

有四位法師正用各種法術讓火焰產生不同的變化。火焰之間相互交錯，一下子分開，一下子又重疊，還不斷發出各種炫目的效果，像活生生的一樣。

旅人觀察許久，漸漸地，終於可以清楚看出法師們手中的法寶了。

第一位法師的法杖上畫著一隻黃色小貓，第二位法師色彩斑斕的法杖上刻著「CSS」，第三位法師的法杖持續發出一閃一閃的亮光，第四位法師的法杖上則是一座藏有各式圖案的圖書館。

緊接著又是一陣陣的火光交會，炫目的光彩看久了，只覺眼睛有點刺痛。旅人放下望遠鏡，看得到他眼中還殘留著許多光影，仍不斷的變幻著。

嗯，火系法師滿擅長創造「效果」的，旅人對自己下了結論。

╱水之海灘╱

旅人又拿起望遠鏡，他把目光轉向普格碼東方的「水之海灘」。

只見水不斷從海洋上升到大氣層中，大量的小水珠變成了雲，最後又降落到地面來；也看到了許多的小溪、河流和運輸水道。這些場景都是水系法師創建出來的，如果不仔細看，就很難看到法師們是如何揮動法杖的。

旅人或左或右地來回移動望遠鏡，想要找出些端倪，最後終於看到有五位法師坐在一艘船上，乘著風浪急急地向前行進著。但看不到他們有什麼快速的動作，一切顯得十分平靜，幾乎看不出他們施咒的手勢，也無法察覺他們的法杖上顯現了些什麼，彷彿他們只是靠著專注的冥想就建構完成了這個咒文。旅人再仔細一瞧，似乎看出了這些法師不一樣的地方。

第一位法師的法杖鑲著許多「λ」字，第二位法師的法杖上鑲著一串串珍珠，第三位法師的法杖鑲著一條纏繞的水蛇，第四位法師的法杖鑲著耀眼的紅寶石，第五位法師的法杖則鑲著許多「R」字樣。

從望遠鏡看當然聽不到他們在說什麼，但是從建構咒文時，像泉水一樣不斷冒出水面的迴圈、分叉和循環中，可以觀察到水勢的流動，看得出來他們和火之森林的法師相當不同。

你會看到水勢一下子流向這邊，一下子又流向那邊；一下子分叉，一下子又聚合。旅人越看越覺得複雜，但在這樣的複雜中好像又隱藏了某種秩序的美，只要再多花一些時間，或許你就能找出它們之間的關聯性。

「嗯，看來水系法師們擅長創造『結構』，真有意思。」旅人很有自信地說，也不禁抬起頭，望向無邊無際的天空。

／風之雲端／

天上的雲好美啊！好像遠離一切地面的煩憂，在空中自由飄蕩。「可不是嗎？」旅人心裡想，在這麼高的地方，也會有法師嗎？他拿起望遠鏡，四下張望，在遠方一片白如棉絮的「風之雲端」上，終於找到了一群在空中飛舞的法師。

「哇，原來他們都是用飛的！」他來不及仔細看，只注意到其中三位法師：第一位法師的法杖上刻著「html」，第二位法師的法杖上刻著「CSS」，第三位法師的法杖上則刻著「js」兩個大字。哦哦！CSS 法杖又出現了，看來這種法術既屬於火系，同時也是風系呢！

風系法師們在空中不斷地揮舞著法杖，並發出幽靜的藍光，彼此之間的距離還算相隔滿遠的，他們就藉著這一道道的藍色光束互相通信，不論在哪個點上，都可以很迅速地接收到對方的訊息。

「距離這麼遠還能通信，看來這就是風系法術的特色啊！」旅人一下就明白過來，原來風系法術著重的是「溝通」啊！

／土之山洞／

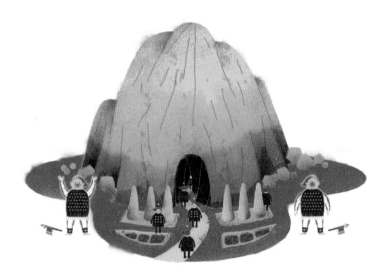

旅人再將視線轉向南方的「土之山洞」。

地道入口有一座美麗的花園，花園裡站著兩位矮小的符文法師，他們都戴著軟帽，穿著韌皮甲，腳邊還放著一把硬斧頭。

他們兩人長得還真像，其中一位法師的斧頭上刻著火炬圖案，有點像奧運傳遞的聖火；另一位法師的斧頭上則畫著一隻黃色小貓，竟和火系法師法杖上的小貓長得一模一樣。

「呵呵！難道土之法術也和小貓相互連通嗎？」

似乎還有其他矮小的符文法師，在地道口進進出出，不過旅人無法看清楚他們的裝扮。只見地道口這幾位矮小法師來來回回，不斷忙著建造實際可見的裝置，也有許多只需要下一道指令就能自己走動的機器人穿梭其中。

旅人了解到：土系法術著重的是「實際」，它會做出可以在真實世界移動的具體成果。

深入底層的中央大石

在這裡擁有古老的法力基石，但少有法師會深入這個底層來探究其中的奧祕。

法力高深的法師大都以底層的結構為基礎，中央大石可以直接通往普格碼島的中心，由它來決定什麼能做，什麼不能做，這也是法師的法力來源。雖然它很重要，但在目前底層結構都已經建造好的情況下，很少有法師需要學習中央大石下的底層法術。

但好奇的旅人當然不會錯過這個難得的機會，他瞧得更仔細了。

他看到長年駐守在這裡的五位老法師，手上都拿著法杖來回不停地摩擦著中央大石，為的是使它越來越接近平滑、完美，以便能將法力更迅速地往上傳輸，送往全島。

第一位老法師的法杖上寫了一個大大的「C」，第二位老法師的法杖上畫了許多眼睛和一支旗子，第三位老法師的法杖上嵌著一張有多處塗黑的數字卡片，第四位老法師的法杖上更是由許多簡短古怪的咒文組合而成，第五位最老的法師，他的

法杖上則只畫著一連串的 0 與 1。

這些老法師平常是不輕易出動的，不過一旦出動，他們的每個動作和手勢，都是經過仔細又深入的考慮才施展的。

旅人觀察到，中央大石的老法師著重的是「效能」，他們總是在增加法力傳輸過程的效率、減少耗損與浪費。

當個「普格碼」旅人 ————————

風水輪流轉，現在，換你來當旅人了。

我們從奇幻世界，回到虛擬世界吧。噢不，回到現實世界吧！

為什麼要學程式？從哪裡開始學？

每個人都有自己學習的理由和動機，通常是因為有興趣、覺得好玩。真的！設計一個程式，讓電腦自動去跑是一件很有趣的事。

當然，如果沒有接觸過程式，也就談不上有沒有興趣。要是想學，你可以試著先接觸「兩」種程式語言，等學到一個程度了，先評估看看自己有沒有興趣，再決定要不要更進一步深入。為什麼是兩種不是一種呢？因為程式的領域很廣，只學一種，可能會局限你的視野。至少學兩種，才會比較開闊。

以本書為例，火系法術介紹的就是很好上手的 Scratch。學了 Scratch 之後，建議你可以在水系、風系、土系裡再選一、兩個比較有興趣的來學。

程式語言和日常語言一樣，越常使用就越熟悉，也就學得越快。剛開始，不管學習哪一種語言，認識的字彙往往不足以應付所學，常常需要一邊學習、一邊查字典。學習程式語言也是一樣，有經驗的程式設計師也常常一面寫程式一面查網路，因為使用到的字彙和功能太多了，實在很難、也沒必要全部背起來，常用的自然會記住，其他的等要用時再查就行了（有關於程式入門的細節和範例，請參考後面的章

節）。

本書很鼓勵大家利用電腦與網路自主學習。電腦自學的一個好處是：電腦沒有所謂的情感，也就是說，電腦有無限大的耐性，不論你的操作速度多慢，或是犯了多少次錯誤，它都可以讓你一直試到成功為止。

選定一種語言後，如何上手呢？

1 先上網搜尋這種語言的入門指南（tutorial），點進去了解它的操作環境，並試著做做看。剛開始可能需要一些時間，之後只要按部就班的練習，一回生，二回熟，自然而然就具備了使用這種語言的基本詞彙。熟悉它的功能和特性，讓它成為你手中實用的工具，建構程式的過程就會變得既流暢又好玩。

2 現在就給自己出個題目來做吧！如果一時想不起來要做什麼，那麼先用「仿、創、改」三字訣來幫助自己。「仿」就是模仿──模仿製作一個你曾經看過的機械或是程式，例如模仿一個「時鐘」；「創」就是從無到有，善用自己的創意來發想，創造一個全新的作品；「改」就是拿別人做好的，或是自己以前的作品來修改，給它加上新的功能，或是把程式代碼改得比原本更精簡。

3 多多與人分享自己的作品，聽聽別人的意見，作為日後的參考方向。

4 參與討論該程式語言的社群網站，可以交換彼此的想法，同時看看人家在做什麼，也可以順便交個朋友。

語言的關卡

很多人認為，學習程式，英文是一個關卡。因為大部分程式語法的來源和說明文

件，都是用英文書寫的，網路上查到的入門指南和學習資源也幾乎使用英文。為什麼呢？

這是因為程式語言是全球各地的人都在使用和開發的。以全球人口來說，目前能使用英文溝通的人比較多。較新的工具，常常只有英文說明，沒有中文說明。中文使用者，目前以使用簡體字的人比較多。如果以中文關鍵字去查，有時會找到簡體字的說明文件。如果想找轉成正體（繁體）的工具，可以用關鍵字搜尋「正（繁）簡互轉」。不過，只有英文沒有簡體的說明文件也為數不少，你不妨一邊查字典閱讀，學程式的過程中，也練習英文的閱讀力，可謂一舉兩得。

如果卡住怎麼辦？

「卡住」是什麼意思呢？簡單來說，就是你想做一個東西，但想破頭就是做不出來。可能在一開始就不知道如何下手；也可能寫到一半出了狀況，查不到問題究竟出在哪裡，就此停擺。

危機就是轉機，卡住的時候先別慌，有很多辦法可以解決。一是去偵測程式內容是否出錯了；二是上網找答案，這時你會發現，其實很多人都會問問題，而且題目五花八門；還有，也可以直接問懂程式的人，請他提供自己的經驗或教你怎麼做。

1 偵測程式內容：
先閱讀顯示錯誤的訊息，看它要表達什麼。許多語言出現錯誤（bug）時，只要一執行，螢幕上就會顯示問題出在哪裡、是什麼樣的錯誤造成的。例如：「syntax error in line 16」表示第 16 行有語法錯誤，有可能只是打錯一個字造成的。

2 上網查找：
如果遇到看不懂的英文單字，如「algorithm」，可以開啟搜尋引擎，直接輸入「algorithm 中文」這組關鍵字，就可以查到它的中文翻譯。如果你想要一個功能，但不知道它的語法，例如想要用 Haskell 語言將資料排順序，可以開啟搜尋引擎，

打上「Haskell 排順序」就可以查到範例。如果你知道這個功能的英文是「sort」，當然也可以用英文「Haskell sort」去查。

3 直接問人：

如果你認識懂程式的人，面對面詢問當然最直接。不然也可以上網路社群論壇，向有經驗的人提問，他們大都很樂意回答，只要你提的問題夠明確、夠仔細，不是那種三言兩語說不清的大哉問就好。

一些祕訣

1 不用急著一下就成為程式專家。如果你踏出第一步，又知道每一步之後如何再踏出下一步，那麼你就可以越走越遠，無可限量。

2 很多的程式學習資源，在網路上都找得到。請一面閱讀本書，一面使用電腦，上網查資料和實際操作。

3 如果遇到不懂的名詞，請直接拿它當關鍵字上網查詢。一查就有的詞語，書中多半不會另附說明。要是你在閱讀過程中遇到了這些詞，就把它當成訓練「蒐集資訊」能力的練習吧。

4 程式設計的領域日新月異，不斷有新的平台、新的語言、新的工具被發明，本書的內容只是入門，幫助你尋找方向，並不是一切，上手之後，還有很寬廣的天地等著你去發掘，有興趣的話請你繼續往前走，不要停下來喔。

第一章

火系法術
Scratch 拼圖寫程式

火系法術簡介

難度　初學者
適合　喜歡遊戲或動畫的人
重視　效果

火系法術是最容易學的法術，只要點起小小的火苗，就可以燃燒出大大的效果。現在就試試看火系法術：用拼拼圖、組積木的方式來寫程式吧！

想練習拼圖式程式語言，Code.org 網站的「一小時玩程式」（HOUR of CODE）是相當容易上手的平台，它的網址是：https://code.org/learn。我們就先在這裡暖暖身。

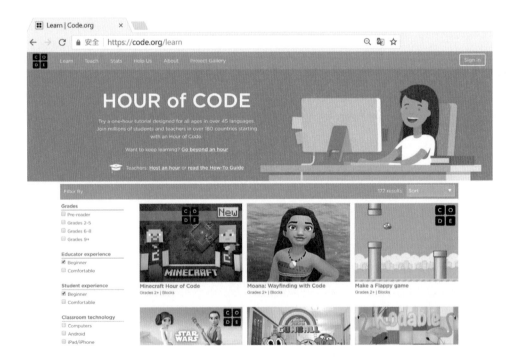

當你剛進入「一小時玩程式」平台時，如果畫面都是英文，想要將文字轉成中文的話，請將視窗旁邊的捲軸（scrollbar）往下拉，找到語言轉換的選單，點進去後將選單再往下拉，找到「繁體字」，即可將頁面語言換成正體中文了。

「一小時玩程式」平台上有許多關卡可以去破解，每個關卡點進去，都會有不同主題的互動教程（tutorial）。點選頁面下方「顯示各種語言的活動」按鈕，就會顯示更多可供挑選的教程。平台上有各式各樣的教程可以選擇，也列出了不同的條件，方便使用者挑選教程。你可以根據自己的年齡、程度、感興趣的主題等等條件去篩選，找出最適合自己的教程。

這個平台裡的互動教程都很有趣，選擇你喜歡的課程，按下「Start」就可以觀看簡單的說明影片，接著利用積木學習寫程式。下面是其中一個課程，排放積木，就能讓憤怒鳥依照指示動作，一步步往前抓住小豬。每當完成了關卡的指示，還會跳出目前已撰寫了多少程式碼。

╱用 Scratch 學習寫程式前的準備╱

你已經在「一小時玩程式」平台上完成至少一組的互動教程了嗎？相信你已經對「拼圖寫程式」是怎麼一回事，有個概念了。

當你完成了至少一組互動教程以後，接下來就可以再透過 Scratch 熟悉一下程式語言。現在，我們可以順利進入本章要介紹的 Scratch 語言，開始拼湊程式積木圖塊寫出稍具規模的程式了。

╱版本註記╱

本章介紹Scratch 2.0版的功能和範例，如果你閱讀這本書時Scratch已經改版，操作方式可能會略有不同。

╱Scratch 的開發環境╱

要生火，需要有火源、火種、木柴，還要找個通風透氣的場所，有了空氣才能讓火順利燃燒。這四者合起來，稱為「生火環境」。在寫程式時，也要先準備好「開發環境」。

在開始學習拼圖寫程式以前，我們必須知道：目前多數人學習的程式語言，大多數都是好學、接近人類語言的高階語言，除了最底層的程式語言之外，所有高階的程式語言，都必須先編譯成較低階的「語言」，電腦才能夠理解執行。從設計師的角度來考慮，我們也需要一個「編輯器」來書寫這些語言。再來，我們需要有個地方存放編輯完成的「作品」。最後，還需要一個分享作品、與別人交流的「平台」。語言、編輯器、作品、平台這四者合起來，就稱為一個「開發環境」。

Scratch的開發環境很容易入門，直接進入它的網站就行了：https://scratch.mit.edu/。它由美國麻省理工學院的一個團隊設計和維護。

1 在網頁底下的方框內有語言選項，如果看不懂英文，可以把語言轉成「正體中文」。

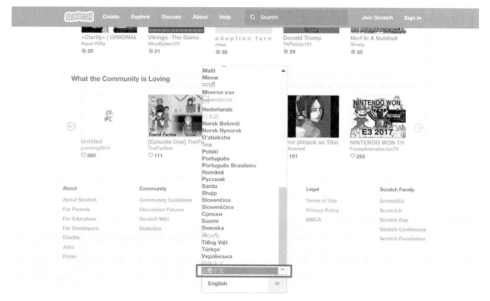

2 點選右邊的「加入 Scratch」，依照上面的指示，一步步填入使用者名稱、自訂密碼等等，即可完成註冊。

3 點選功能表上的「創造」，即可創建一個新的作品。

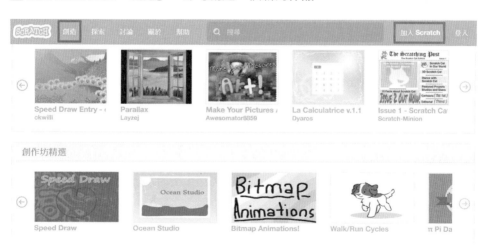

╱程式積木有哪些種類呢？╱

生火的工具有很多種，每種都有各自的功能和效果，要將工具分類才好辨識。

施展火系法術用的生火工具就是寫著指令的「積木」。Scratch 語言的開發團隊，也將可選用的程式積木分門別類，以不同的顏色區分，讓設計者一下就能找到需要的積木，分別介紹如下：

1 事件積木：設定特定的事件，例如「當按下空白鍵」時，將啟動後面一連串的積木，執行所需的程式。

2 控制積木：設定等待、選擇、重複、如果等程式流程的控制，也就是說，這類積木本身沒有直接效用，而是用來「控制」其他積木的。

3 偵測積木：可以用來判斷到……的距離，也可以幫你取得一些有用的訊息，像是滑鼠的 x 或 y 座標、音量值等。

4 運算積木：包括數字和字串的運算、隨機亂數、邏輯運算等。

5 動作積木：可以讓角色移動、旋轉、改變座標值、控制方向等。

6 外觀積木：即是改變角色的外觀，設定顯示、隱藏、切換造型和大小等。

7 音效積木：可以設定和改變音樂或音效的節奏和旋律，你也可以自己錄一段音樂或音效放上去播放。

8 畫筆積木：可以設定畫筆的顏色、亮度、大小等，還可以在舞台區留下移動的軌跡。

9 資料積木：在 Scratch 中，可以做一個變數和一個清單，例如遊戲角色的 HP

值等資料就可以用變數來處理。

10 更多積木：你可以製作一種或數種自訂名稱的積木。如果同一件事要在不同地方重複做好幾次，就可以為它建立程序，把它重新定義成一個新的積木，這是個省力的好方法。

這些積木類別說多不多，說少不少。如果第一次使用，不妨自己動手試試看，把各種積木都拿來拼一拼，多試幾次，會熟悉得更快，而且很快就能找到它們的使用方法了。

生火環境準備好了，就讓我們開始施法吧。

如果你一時之間還想不到什麼點子，就先跟著接下來介紹的範例做做看吧！

哈囉，世界！

用初學的火法術，放一支衝天炮，向世界問好吧！

一般程式教科書都有一個習慣，就是剛開始學習一種新的程式語言時，第一個範例往往就是教人如何讓電腦顯示出「Hello World!」，跟世界打招呼。我們也可以在 Scratch 上創造一個角色，施個小法術，讓他跟世界打招呼。

新創建的作品裡，預設的角色造型是隻小貓。在 Scratch 語言中，要叫小貓說「Hello World!」非常容易，作法是：

■1 在指令區上方點選「事件」中的「當綠旗被點一下」，拖曳至右邊腳本區。

2 再拼上「外觀」中的「說 Hello! 2 秒」。

3 再把「Hello」字樣改成「Hello World!」就行了。

點按小貓右上方的綠旗，你成功了嗎？

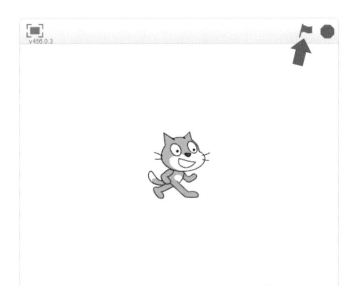

潛水夫

透過火光的照射，平常的物品也能產生奇妙的影像。

現在就來學火系的幻影術！即使是在水中創造幻影，對火法師也不是難事喔。

我們來創造一個會左右旋轉的「潛水夫」和海底背景吧！你之後可以替換成任何你喜歡的角色來操作。

╱切換角色和背景╱

▇ 從指令區上方選取「造型」中最左邊的娃娃頭圖案「在範例庫中選擇造型」，就可以開啟造型範例庫，選擇喜歡的新角色。

▇ 要更換舞台背景也很容易，只要從左下角點選「舞台」中的風景圖案，「在範例庫中選擇背景」就行了。

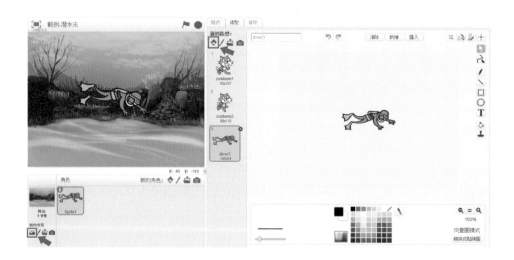

╱程式設定╱

▌1▐ 先選取「事件」類別中的「當按下空白鍵」。 把「空白鍵」字樣改成「向上鍵」。

▌2▐ 選取「動作」類別中的「移動 10 點」，拖曳到「當按下向上鍵」的模塊之下，
將它們拼接起來。

▌3▐ 兩個合起來就是：「當按下向上鍵，移動 10 點」。 按按向上鍵，測試一下結果。

▌4▐ 接下來依照同樣的作法，加入「向左鍵」、「向右鍵」、「向下鍵」的功能，
拼接上「動作」中的「旋轉」和「移動」就完成了。

▌5▐ 如果卡住，請注意結構都一樣，差別只在於向左鍵、向右鍵是旋轉角度，向下
鍵是「移動 -10 點」而非「移動 10 點」。

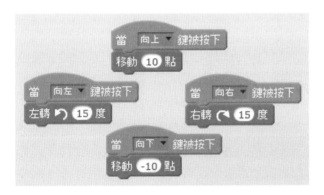

設定完成之後，就來操作看
看吧！你變出的潛水夫會潛
水了嗎？

╱改變移動方式╱

◤1◢ 讓角色上下左右移動：如果要把角色的移動方式從「旋轉」與「前後移動」，改為絕對的上下左右，我們就要用到「座標」的概念了。

角色都有代表它們位置的 x 座標和 y 座標，你可以試試將滑鼠游標在舞台上慢慢移動，舞台右下方是不是有一組「x:　y: 」數字跟著改變呢？那就是游標位置在舞台上的座標。

其中 x 是水平軸（橫軸），越往右數字越大；y 是垂直軸（縱軸），越往上數字越大。請參考以下的範例建立這樣的積木程式——試著移動角色看看，再改改 x 和 y 上面的數字，然後觀察它的效果有什麼不同？

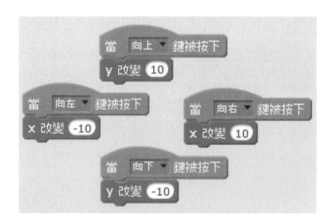

◤2◢ 讓角色左右、遠近移動：接下來我們可以試著加上一點立體感。要在平面中創造立體感，可以運用「大小」的變化——靠近我們的物體看起來比較大，距離遠的物體看起來比較小。

我們可以透過角色大小這類改變，創造出遠近的層次，立體的感覺就出來了。

以下兩張圖片中，都使用了創造立體效果的幻影術。比較看看，有什麼不同的感覺呢？

下面範例中的程式積木，就是藏在兩張圖中使用的咒語：當按下「向上鍵」時，潛水夫不只是往上，還會變小；當按下「向下鍵」時，潛水夫則會往下，而且變大。

照著做做看，移動一下角色，再來修改數字或是做其他的調整，觀察程式的效果有什麼新的變化。

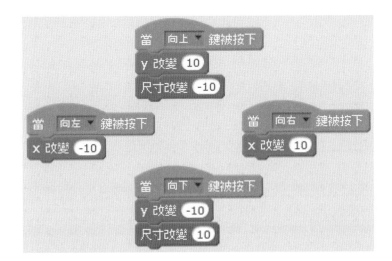

3 跟著滑鼠移動：同樣的潛水夫，如果改成用滑鼠控制，會產生什麼效果呢？

同樣的程式積木，我們利用「重複無限次」這項控制程式，就能讓角色一直跟著滑鼠走，並持續按照位置算出它應顯現的大小。

火法術的幻影，可大可小，栩栩如生，是不是很神奇呢？

妙用畫筆

接著我們看看火系法術的另一招，燒出痕跡。

有了能讓角色如影隨形、跟著滑鼠移動的積木程式，我們就能順利控制火系法術燃燒的軌跡。

運用這個原理，要做一支繪圖筆就不難了。

首先，我們需要的是一支會跟著滑鼠移動的筆；其次是要讓它有下筆作畫和停筆的功能。

╱調整造型╱

我們先在指令區上方點選「造型」選項中的鉛筆。但是它的中心點預設在筆中間，也就是會從筆的中間畫出線條。這可不妙，幻影一眼就會被識破了，因為一般的筆應該是從筆尖開始畫。所以我們要點選「造型」項目下的「設定造型中心」功能，把圖形的中心點拉到對齊筆尖為止。

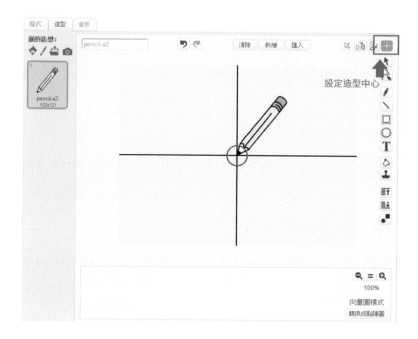

╱程式設定╱

選取「事件」與「畫筆」類別中的程式積木拼接，這樣就產生了「按下 a 鍵開始畫」、「按下 s 鍵停筆」、「按下空白鍵全部清除」的幾個功能。這些功能的細節都已經寫在積木上，程式碼不多，只要你動手做做看，就能了解其中各個環節的作用。

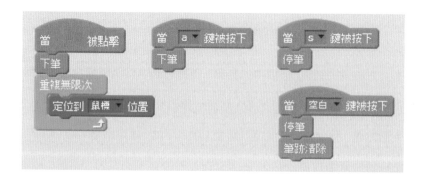

改作：
如何讓角色不是隨滑鼠移動，而是直接由畫筆自動畫出正方形、圓形呢？不妨想想看！

小貓走迷宮

接著我們來讓火系法術創造的幻影，更有真實感吧！

這次的範例是個簡單的「走迷宮」。我們需要一個會移動的角色，還有背景的迷宮。

選取左下方「舞台」選項中的「自行繪製新的背景」，就可以畫上你喜歡的迷宮圖樣。

請暫時使用同一種顏色畫迷宮，因為我們要讓角色按照有沒有碰到這個顏色，來檢查走路的動作是否成功。畢竟它總不能穿牆吧！

那麼程式要怎麼寫呢？

一開始，先加入「當按下空白鍵」，再把「空白鍵」字樣改成上、下、左、右鍵，同時

改變座標，就如同前面介紹過的移動角色一樣。

只不過為了要讓牆壁產生阻擋的作用，我們可以再加上「如果碰壁就回到原位」的設定以及「喵喵叫」的音效。

但是電腦並不清楚畫面上哪裡有牆壁，所以就用碰到牆壁的顏色來檢查──也就是在「偵測」項下選取「碰到顏色□？」，接著在拼上積木後，點選□的顏色格，再將滑鼠移到舞台上，就可以選取想要的顏色了。

接著再拼上「播放音效」的積木，選擇需要的音效，就完成啦！

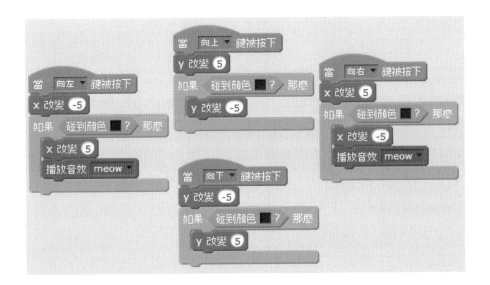

數位音樂

火不只有色彩，還有劈哩啪啦的爆裂聲。其實，火系法術不只可以創造幻影，還可以發出音效喔。

Scratch 就有音樂、音效的設計，你可以安排好主調和伴奏怎麼演奏，再同步播放它們。這裡我們用「自訂積木」的功能，創造自己喜歡的「主調」和「伴奏」，接著拼上「當綠旗被點一下」和「當角色被點擊」，這樣就可以將它們同步播放。自訂積木還有一個好處，就是會呈現出這塊積木設計的細節，如果以後要改寫程式，可以很容易找到要改哪裡，看是要修改主調還是伴奏，或是其他地方。

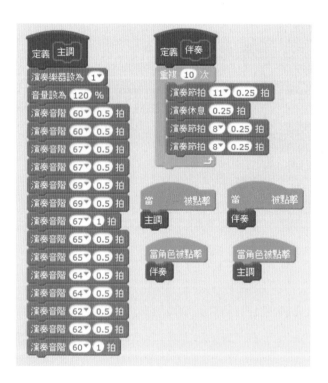

看得出上面範例圖片演奏的是哪一首曲子嗎？這是一段簡單的音樂〈小星星〉，圖片看起來好像很複雜，但如果實際動動手去操作，就會知道是怎麼回事了。例如，在主調設計中點選「演奏音階」旁邊的選單，螢幕上就會出現一個小鋼琴，只要選取你要的音就可以了，不必去背 60 代表什麼音，67、69、65 和 64 又各自代表什麼音。那麼點選「演奏節拍」的選單，會出現什麼選項呢？大家可以自己試試看。

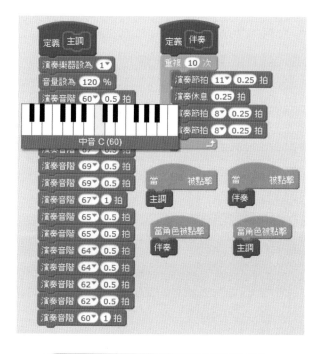

改作：

如果將主調改成〈小蜜蜂〉，你覺得如何？改變伴奏的節奏結果又會怎麼樣呢？要怎麼讓電腦演奏你最喜歡的一首歌呢？

如何控制一群噴火龍？

有人說：「數大，便是美。」

如果一次出現十隻會動的噴火龍，光想就覺得很酷吧！

接下來看看火分身術吧！透過分身，讓幻影的數目變大，一變十、十變百。

這個範例是一個射擊小遊戲。

有十隻陸陸續續從天而降的噴火龍，牠們會越來越靠近玩家，你必須在這些噴火

龍靠近以前，快速地將它們一隻一隻射下來。

如果動作不夠快，玩家就會被吃掉，接著就會出現「You are eaten!!」的畫面，也代表遊戲結束了。

像這種射擊小遊戲要怎麼做呢？

我們可以運用「控制」項的「當分身產生」和「事件」項的「廣播訊息」來達成目標。

角色設定為一隻噴火龍，一開始先讓它隨機亂跑十次，根據亂跑的位置就可以創建出十個分身來，然後本體把自己隱藏起來，讓分身去動。

這十個分身被創建出來後，它們會重複地移動，並檢查自己是否有咬到玩家。

在下面的程式積木範例中，你可以看到「亂跑」、「移動」、「咬人」和「退場」的詳細定義。

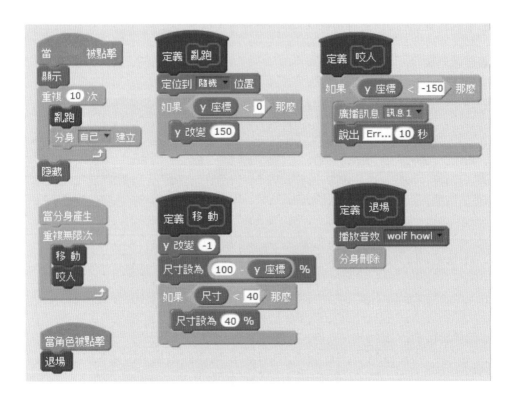

如上圖所顯示的，左邊拼的是程式的主要架構。再透過自訂積木的方法，將「亂跑」、「移動」、「咬人」和「退場」等細節，留給右邊各別的積木區塊來顯現。

這種作法稱為「部件化」，又叫「分而治之」（Divide and Conquer）。意思是說，把比較長而且複雜的程式，拆解成幾個比較小的程式組合，每當要閱讀或是修改時，只要針對一個部分而不必針對整體，這對設計程式的人而言，可是輕鬆不少。

接下來，我們看看「廣播」的用法。你是否注意到，在定義「咬人」的區塊中，有一個「廣播訊息1」的積木，它是用來和其他角色溝通的。例如在這個範例中，它是用來提醒角色2：是該出場蓋掉整個畫面的時候了。

角色2指的是什麼呢？其實就是一個蓋住整個舞台的紅色長方形，上面寫著一行字：

「You are eaten!!」。我們可以利用造型中「自行繪製造型」的功能畫出來。下面圖片底部的欄位裡，有這個範例會出現的所有舞台、角色元素。

角色 2 的程式積木陳列如下：

一開始，它會先偷偷躲在舞台的正下方，等接收到廣播時，才會從下面滑上來蓋住舞台。

試試看吧！

值得做做看的點子

學到這裡，前面練習過的範例其實已經不是重點了；最重要的是，學會了程式積木的基本組成，你想做些什麼呢？

以下的點子只是想刺激一下你的靈感，僅供參考，你完全不需要照著做：

● 射擊遊戲：你不妨照著範例稍做修改，試試看，做一個比噴火龍更有趣的射擊小遊戲。

● 伴唱機：可以讓設計者自由選擇節奏，然後持續播放這個節奏，當作設計者唱歌的伴奏。

● 迷宮 AI：讓程式自己走迷宮，設計者不必控制角色，只要把它拖曳到迷宮的特定位置上，就會自己走到出口；它也可以用畫筆幫自己留記號。

自己想想看，還可以利用火系法術在 Scratch 上變出什麼魔法？

在 Scratch 官網上，你還可以瀏覽、研究更多別人的作品。只要選取對方的專案頁，點進「觀看程式頁面」，再點選右上方的「改編」，即可以對方的原作為藍圖，創建屬於你自己的改編版本。

前面提到的多個範例，都可以在 Scratch 官網上找到，你可以運用這個方法創建、改編。原始檔見：https://scratch.mit.edu/studios/2000524/。

放在官網上的程式碼隨時可能更新，談論的細節或許會和本書描繪的略有不同，但基本結構仍會保留一致。只要按照方法一步一步來，並且勇於嘗試新的工具，距離創建出自己喜歡的互動程式，目標應該不遠了。加油吧！

╱可以嘗試的下一步╱

本書的火法術交代到尾聲了，剩下的路，就靠你和朋友一起去走了。

最後，再簡單介紹一個比較完整的入門教程，你可以先嘗試寫一些程式，累積一點經驗，再去看看 Scratch「幫助」頁面。它可以幫助你順利地建構程式，上面也有問答區與範例。網址見：https://scratch.mit.edu/help/。

第二章

水系法術
讓 Python 和 Haskell 幫我們算數學

水系法術簡介

難度　中等程度者
適合　喜歡數學或對邏輯有興趣的人
重視　結構

水系法術的特點是：法師們更注重內在的環節與結構，並不大在意表面呈現的效果。就像平靜無波的水面底下，可能隱藏有大大小小的漩渦和四處流竄的暗流；以及在靜謐無聲的地底下，悄悄湧動著四面聚集而來的地下水流。有這些看不到的水流切過河床山谷，才雕刻出我們眼前看到的普格碼島。所以，內在的結構、邏輯怎麼運作，是水系法師們最關心的事。

數學是科學和工程之母，算術就是結構的根本，能讓我們清楚看到水流下的漩渦。在學習水系法術之前，我們就暫時先把那些跑來跑去的動畫角色忘掉，重新讓腦袋淨空，把原先的角色操作換成一種製作計算機的概念來思考吧。沒錯，現在我們就要自己製作一款比一般計算機更厲害的自製計算機，它除了會計算，還可以替我們寫數學作業哦！

經由程式的學習和寫作，可以幫助你輕鬆地解決數學問題。現在我們就來探究一番水系法術吧。

╱版本註記╱

本章介紹的是 Python 3 和 Haskell 7 兩個版本的語法和範例,因此當你閱讀這本書時,它們可能已經更新版本,語法也可能因為新的設計而略有不同。

╱上手之前╱

一開始我們要先了解,水系法術有兩股截然不同的支流,以不同的方式穿過島嶼。

水系法術的兩個主要流派:一種叫作「指令式語言」,流動的方式像是從山上一階階流下來,匯進海裡的河川,它是把問題分成一個一個的步驟來解決,每個步驟都要完整地告訴電腦該怎麼做,等你把步驟完整講完,電腦就能自己解決問題了。另一種叫作「函數式語言」,就像會分流到小溪、灌溉土地的大河和泉水,它是把大的問題拆解成好幾個小問題,小問題再拆解成更小的問題,讓大事化小,小事化無,最後簡化成電腦能夠執行的程度,它就能自動算出你要的解答。

指令式和函數式語言都各學會了一種,對這兩類都有了概念後,將來你不管遇到哪種程式語言,都不會覺得太難,應該比較容易上手。

雖然有價值、有意義,可以當入門指南的程式語言很多,可是如果一下子要學完那麼多語言,肯定會昏頭的。本書中,我們選擇指令式的 Python 和函數式的 Haskell 這兩個在 Coding 社群中評價相當高的語言當作入門的引子,其他也有很有價值的水系語言,就留待你日後自己去接觸啦!

╱跨出第一步╱

準備好游水了嗎?我們來做做看:

1 先連上「試試 Haskell」(Try Haskell) 的網站,網址是:https://tryhaskell.org/。
2 「程式學圖」(Codecademy) 有 Python 的入門指南,網址是:https://www.

codecademy.com/learn/python。

進去之後你會發現，現在的教程通常都設計得很容易上手，程式碼和說明文件都很易學且易讀，只要一步一步照著做，就像打電玩遊戲一樣，一路過關斬將，一邊闖關一邊晉級，很快就可以學到越來越高深的語法，還能夠累積初步的成就感和經驗。

Haskell 和 Python 兩個教程只是一個引子，建議先體驗一番，各破個五、六關再繼續往下看，就會更好懂。

現在，就讓我們開始算術，利用水系法術打造屬於自己的計算機吧！

讓電腦替我們做算術

讓電腦回歸超級計算機的角色，展現水系法術最重視的結構。

電腦的英文 Computer，原意就是計算機，這也是電腦一開始幫人類做的工作。使用計算機，當然是為了方便快速；幫我們做事，更能夠節省時間和腦力。

比方說，如果要算一道五位數乘以五位數的乘法題目，像 52356 × 85236，若列出直式一個一個乘的話，肯定要算很久吧！即使拿一般的計算機按鍵來算，你可能也會發現……它破表了。

現在，就用水系法術的 Python 語言試試看吧！讓電腦來當我們的超級計算機。你可先到這個線上執行 Python 的網站玩一玩：http://www.tutorialspoint.com/execute_python3_online.php。本書介紹的 Python 語言範例，都可以在這個網站線上執行。若有異常狀況無法連結，可以搜尋關鍵字「python online」，這樣就可以找到其他類似的替代網站。

還有，每次寫完程式要將作品存檔時，只要點選右上方的「File>Download File」即可存進電腦；讀檔時則點選「File>Upload File」，即可從電腦中讀取你的 Python 檔案。

╱乘法╱

我們來學習水系法術的簡單合成術，把水流合併在一起。這就是乘法在水系法術裡的功用。

進去編輯器之後，我們拿剛才的五位數乘法當例子：

請把

print ("Hello World!");

改成

print (52356 * 85236)

兩個數字中間的「*」符號，是按「Shift+8」打出來的，代表乘法的「×」號。而 print 就是「噴」，就是把結果噴到螢幕上。噢，開玩笑的，print 其實是「列印」的意思，這裡是指把計算結果「列印在螢幕上」，而不只是在紙上。

按下「Execute」按鈕，就可以執行程式。它可能長這樣：

如果順利的話，從下方的框框中，你可以看到像是這樣的結果：

sh-4.3 $ python3 main.py

4462616016

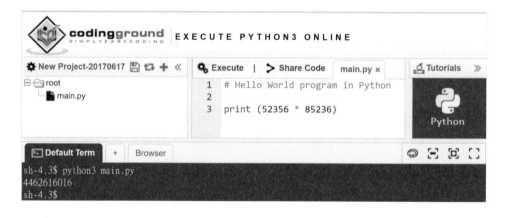

/除法/

既然水可以簡單合成，當然也可以分解，程式可以算乘法，當然也可以算除法。我們要利用除法讓大河分流囉！

請執行以下的 Python 程式，看看它的結果會如何：

```
print (7 / 2)
print (7 // 2)
print (7 % 2)
```

你發現什麼了嗎？這三行程式碼中，哪個是算出商數，哪個是算出餘數，哪個又是一路除到小數呢？

接著，我們換 Haskell 語言試試，看看跟 Python 程式有什麼不一樣。

請上網到 Haksell 線上開發環境，網址是：http://rextester.com/l/haskell_online_compiler。

這本書介紹的 Haskell 語言範例，都可以直接到這個網站進行線上執行。若有異常狀況無法連結，可以搜尋關鍵字「haskell online」，即可找到其他類似的替代網站。

如果想將檔案存進電腦，可以替每一個要儲存的 Haskell 程式，開一個副檔名為「.hs」的純文字檔案，例如「test.hs」，再用全文複製、貼上的方式，把線上編輯器中的程式碼存進這個檔案。

現在我們再來試一次除法：

把
```
main = print $ "Hello, world!"
```
改成
```
main = do print $ 7 / 2
          print $ 7 `div` 2
          print $ 7 `rem` 2
```

請留意，在 Haskell 語言中，主程式如果要做的不只有一件事，必須加上一個「do」字樣，並且每件事的「首字」要對齊，如果沒有對齊，就會跑不動。

「div」中的「`」符號，是透過鍵盤上「1」正左邊的那個鍵打出來的，一般稱為重音符鍵或抑音符鍵；但在 Hasekll 語言中，成對的重音符是讓指令在兩個數字中間執行的記號。

compile haskell online

```
1  --ghc 7.10
2
3  main = do print $ 7 / 2
4            print $ 7 `div` 2
5            print $ 7 `rem` 2
```

最後，再點選左下方的「Run it」 Run it (F8) 按鈕來執行，看看結果如何。

你看得出來嗎？哪個是算出商數，哪個是算出餘數，哪個又是一路除到小數呢？「列印」的指令在 Haskell 語言裡和在 Python 裡有什麼不同？

改作：

試試看，叫 Python 算八位數的乘法吧？也試試看三個數字連乘如何？（如果卡住，請將「乘法」段落再讀一次；如果還是卡住，可以先跳過，直接往後看。）

真的？假的？

水中幻影，是真的，還是假的？

在計算的過程中，免不了要做一些判斷，看看程式是否能順利執行。

要根據什麼來判斷呢？

電腦從事邏輯判斷的基礎，我們稱它為真假值，又叫布林值或布爾值（英文是 Boolean，有時寫作 Bool），這是為了紀念十九世紀的英國數學家布爾所命名的。

一個布林值比一個數字還簡單，它只有兩種可能：要嘛是「真」（True），要嘛是「假」（False）。

水中常有折射出來的幻象，水系法師們也因此習慣在幻影和現實間來回，自然也練成了辨別真假的法術。如果你寫出一個包含條件判斷的程式，就可以驅動法術算出它是真還是假。例如：

```
main = do print $ 3 > 2          -- True
          print $ 3 < 2          -- False
          print $ 3 == 2         -- False
          print $ 3 `rem` 2 == 1 -- True
```

程式中的「==」符號，代表「是否等於」的意思。如果左右兩邊相等，就會傳回真，否則傳回假。

至於每行程式的右邊兩個減號「--」，代表後面的文字是用來註解的，Haskell 程式不會執行這些註解。寫程式的人透過這個註解說明，就可以在程式中留下一些提示，也當作給自己或讀者的線索。

compile haskell online

Language: Haskell ▼　　Editor: CodeMirror ▼

```
1  --ghc 7.10
2
3  main = do print $ 3 > 2          -- True
4           print $ 3 < 2          -- False
5           print $ 3 == 2         -- False
6           print $ 3 `rem` 2 == 1  -- True
```

[Run it (F8)] [Save it] ☐ Show compiler warnings [+] Compiler args [+] Show input

Compilation time: 0.53 sec, absolute running time: 0.14 sec, cpu time: 0 sec, memory peak: 3 Mb, absolute service time: 0,68 sec

```
True
False
False
True
```

真假值也可以進一步拿來做邏輯運算，例如：

```
main = do print $ not True          -- False

          print $ not False         -- True

          print $ True && True      -- True

          print $ True && False     -- False

          print $ False && True     -- False

          print $ False && False    -- False

          print $ True || True      -- True

          print $ True || False     -- True

          print $ False || True     -- True

          print $ False || False    -- False
```

compile haskell online

Language: Haskell ▼　　Editor: CodeMirror ▼

```
1   --ghc 7.10
2
3   main = do print $ not True          -- False
4            print $ not False         -- True
5            print $ True && True      -- True
6            print $ True && False     -- False
7            print $ False && True     -- False
8            print $ False && False    -- False
9            print $ True  || True     -- True
10           print $ True  || False    -- True
11           print $ False || True     -- True
12           print $ False || False    -- False
```

程式中的「&&」是「而且」的意思。「&&」的兩邊一定都要是「真」，算出的結果才會是「真」，否則就是假。就像「我睡前要刷牙而且要洗澡」，如果只有刷牙沒有洗澡，這句話就不是真的了。

「||」是「或者」的意思。「||」是由兩個「|」符號組成，這個符號大家可能較少使用，它是鍵盤上 P 右邊第三個的按鍵。「||」的兩邊至少要有一邊是「真」，算出的結果就會是「真」。就像「我要吃到麵包或者是小米粥」，只要吃到其中之一，就是吃到了。如果兩個都吃到呢？那也還是吃到了。

否定運算「not」也很重要。你可能會說，我「不要」被這本書的指引限制。「不要」或「不是」就是「not」。

的確，這本書的目的也不是限制你，而是開拓你的視野。

改作：

試著改寫其他的邏輯判斷程式，再讓程式算算看結果會如何？或者可以叫程式判斷一個很大的數字，例如 1853748，看看是否為 13 的倍數？

公式與函式

接著，我們來學習水系法術裡很重要的一招：搭建輸水道。

要搭建輸水道，我們要學的主要概念是「函式」（Function），這得先從何謂「公式」（Formula）講起。

公式是什麼呢？簡而言之，公式是把數量之間的關係或是運算的程序，準確地以數字與符號表示的方法。數學上，我們常會遇到不同的公式，例如「三角形面積 = 底 × 高 ÷2」或是「分數相乘 = 分子乘分子、分母乘分母」。公式讓計算的過程固定下來並且明確化，讓我們可以直接套用就算出答案。

在寫程式的時候，設計固定的算法和寫公式類似，但是往往會有許多行式子，不像一般的公式只有一行。通常我們會使用另一個詞叫「演算法」（Algorithm）。Algorithm 這個詞的來源是為了紀念西元八世紀的波斯數學家花拉子密（al-Khwārizmi）。

所謂「演算法」，簡而言之，就是用來解決問題的固定步驟和方法，可能很簡單也可能很複雜。就像做料理的食譜，上面有固定的步驟和方法，有的簡單有的複雜，視料理的複雜程度而異。人讀了食譜，就可以照著做料理；電腦讀了演算法，就可以照著做計算。

演算法並不只存在特定的程式語言裡，不同的程式語言可能會用不同的語句，來執行相同的演算法。就像是「你好嗎？」這樣的一句話，在中文、英文、法文等等語言裡，也會用不一樣的講法來表達。

接著，進入我們要學的概念：「函式」。

函式是什麼呢？它是一種從輸入算到輸出的固定動作。函式把輸入的東西，透過特定的演算法去運算，再把結果輸出來。這就是我們的輸水道，會將水流導引往該去的方向。

以生活中的例子來說，「燒開水」這個動作，是把生水變成開水，它的輸入就是生水、輸出就是開水。中間經過一系列的程序，像是裝壺、把壺移到爐子上、開瓦斯、等待直到汽笛響、關火、放涼等等。當我們說「燒開水」時就包含了這麼多的固定程序。

我們在寫程式時，也可以把重複使用的、固定的程序，集中起來變成函式來處理。

參見以下圖示：

函式可能只有一個輸入位置，也可能有兩個或更多的輸入位置，有些語言也接受沒有輸入位置的函式。

輸出的部分，函式可以輸出數字、字元字串、真假值……各種不同的型別都有可能，但它只會有一個輸出位置。如果要它同時輸出兩個或更多的東西，得把它們先打包成單一的串列，也就是依序排列的一連串資料，像是 [3, 6, 1, 4, 9, 7, 2, 5, 8]；或者是類似座標的數對才行，例如（長 , 寬）或（長 , 寬 , 高）等。

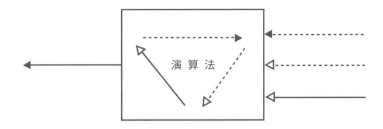

再來看看程式碼，它並不只有給電腦跑的演算法，為了解說方便，有時我們會在程式裡加上註解，它是專門給人看的，程式並不會執行。像在 Haskell 語言中，「--」號後面是註解；Python 語言中，「#」號後面是註解。

接下來我們舉個實際的例子，比方說，一個簡單的「加 3 函式」。

「加 3 函式」要做的事很簡單，每次給它一個數字，它就把數字加上 3，再輸出。所以，如果你餵 9 給它吃，加 3 後它就會輸出 12。

現在就用程式來描述這樣一個加 3 函式：

Haskell：

```
f = (\x -> x + 3)    -- 可讀作「入 x，出 x+3」
```

或

```
f x = x + 3    -- 其中 f x 代表「f 輸入 x」
```

或

```
f = (+3)    --「+」是二變數函式，吃了一個「3」後，只剩一個空位，變成單變數函式
```

以上三式，結果都一樣：定義 f 為一個函式，不管輸入什麼數字，都把它加 3 然後輸出。Haskell 接受這三種不同的寫法，是為了給我們書寫上的便利。

Python：

```
f = (lambda x: x+3)    #lambda 是希臘字母 λ 的英譯，恰好 λ 有「入」的形狀也有「入」的意涵，因此我們可以讀作「入 x，出 x+3」
```

或

```
def f(x): return x+3    #return 是傳回，也就是輸出的意思
```

或

```
def f(x):
    return x+3
```

以上三式，結果都一樣：定義 f 為一個函式，不論輸入什麼數字，都把它加 3 然

後輸出。

按照以上的範例來做，當我們學會怎麼定義函式之後，我們就可以隨心所欲地定義各式各樣的函式；而且也可以任意輸入數字，將數字餵進函式中，讓電腦自動算出結果。

例如，我們可以把 20 代入剛才定義好的 f 函式：

Haskell 的寫法是：

f 20

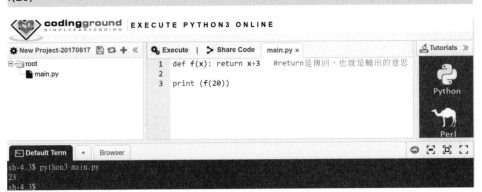

compile haskell online

Language: Haskell ∨   Editor: CodeMirror ∨

```
1  --ghc 7.10
2
3  f = (\x -> x + 3)    --可讀作「人x，出x+3」
4
5  main = print $ f 20
```

Run it (F8)   Save it   ☐ Show compiler warnings [+] Compiler args [+] Show input

Compilation time: 0.53 sec, absolute running time: 0.14 sec, cpu time: 0 sec, memory peak: 3 Mb, absolute service time: 0,68 sec

23

Python 的寫法是：

f(20)

```
CODINGGROUND    EXECUTE PYTHON3 ONLINE
```

New Project-20170617 | Execute | Share Code | main.py ×

```
1  def f(x): return x+3    #return是傳回，也就是輸出的意思
2
3  print (f(20))
```

Default Term   +   Browser

```
sh-4.3$ python3 main.py
23
sh-4.3$
```

兩者大同小異，Haskell 是在 f 之後多加一個空白鍵來表示代入，Python 則是打上括號表示代入。

接下來的幾個公式與函式範例，我們都用 Haskell 來寫，因為 Python 的寫法差不多，就不再重複了。

Haskell 可寫中文名稱的函式和變數，以下的例子中，我們一部分用到中文，比較親切。

首先看看「三角形面積」，這是個二變數函式，因為它需要知道底(a)和高(h)的數值，再透過「底 × 高 ÷2」的公式，才能輸出三角形面積的計算結果。函式寫法為：

三角形面積 a h = a * h / 2

其次是「梯形面積」，這是個三變數函式，因為它需要知道上底(u)、下底(d)和高(h)的數值，再透過「(上底加下底) × 高 ÷2」的公式，即可輸出梯形面積的計算結果。用英文當變數可以寫「梯形面積 u d h = (u+d) * h / 2」，中文當變數的寫法為：

梯形面積 上 下 高 = (上 + 下) * 高 / 2

再來是「圓形面積」，因為只要知道半徑 (r) 就能算出圓形面積，所以它是個單變數函式。函式寫法為：

圓形面積 r = pi * r * r

其中 pi 是圓周率的近似值。

把以上這些範例都定義下來後，還可以叫程式印一些手算也很好確認的例子當作測試，例如：

三角形面積 a h = a * h / 2
梯形面積 上 下 高 = (上 + 下) * 高 / 2
圓形面積 r = pi * r * r

```
main = do print $ 三角形面積 10 10
          print $ 梯形面積 2 8 2
          print $ 圓形面積  1
          print $ 圓形面積 10
```

實際測試一下,看看結果怎麼樣呢?

compile haskell online

Language: Haskell ▼   Editor: CodeMirror ▼

```
 1  --ghc 7.10
 2
 3  三角形面積  a h = a * h / 2
 4  梯形面積 上 下 高 = (上+下) * 高 / 2
 5  圓形面積 r = pi * r * r
 6
 7  main = do print $ 三角形面積 10 10
 8            print $ 梯形面積 2 8 2
 9            print $ 圓形面積  1
10            print $ 圓形面積 10
```

[Run it (F8)] [Save it] ☐ Show compiler warnings [+] Compiler args [+] Show input

Compilation time: 0.53 sec, absolute running time: 0.14 sec, cpu time: 0 sec, memory peak: 3 Mb, absolute service time: 0,68 sec

```
50.0
10.0
3.141592653589793
314.1592653589793
```

由上述範例可知,多變數的函式,其實也沒什麼難的,在小學的數學裡就出現了好幾次,只不過小學課本大都是以中文文字而非代數符號來表示。

附帶一提,程式語言中的「函式」和數學上的「函數」,英文都是 Function。不過它們有一點點不同:數學上的函數,單純就是從輸入的資料出發,計算成一筆輸出用的資料,再傳回去。這中間不能更動任何其他地方的資料,也不能做任何額外的輸出。電腦程式設計時,「函式」的概念不完全等同數學的「函數」。如果設計了一個函式,會更動本身以外任何地方的資料,就稱為「副作用」,比如要在計算過程中印出什麼東西,或是更改其他地方的變數數值等,這些都稱為「副作用」。

Haskell 語言的函式中不容許任何副作用,所有函式都要像數學函數一樣嚴格。因為嚴格,在書寫上比較難,但在偵錯時有很大的優勢,比較容易找出問題。

Python 語言和下一章風系法術的 JavaScript 語言中，則並沒有嚴格規定函式不能有副作用。你可以在函式中改變其他地方的變數數值，也可以在過程中把需要的資訊印出來。這樣在書寫上比較方便，但偵錯時就不容易了。各有好處。

改作：
試著把一個你會的公式寫成函式，再輸入一些你想要的數字，叫電腦跑跑看，看會跑出什麼結果來。

找倍數

能判別真假之後，我們接著來學習水系法術的「濾水器」吧！將水和雜質分開，濾出我們需要的部分。

具備了除法、取餘數、真假值與函式的概念後，我們就可以更進一步，自己來研發一些演算法，讓電腦幫我們解決一些繁複的手算程序，例如：「請找出 100 以內，所有 3 的倍數。」

如果用手實際算算看，你會怎麼做呢？

是（方法一）把 3, 6, 9, 12... 一路往下寫，每次加 3，超過 100 就停筆呢？

或是（方法二）拿出一張 1 到 100 的百數表，把 3 的倍數圈起來呢？

還是（方法三）先知道它會有 33 個數字，於是編一個 1 到 33 號的表格，再在每個表格中寫下該號碼乘以 3 的結果呢？

有句話叫「提姆拖地」(TIMTOWTDI，即 There is more than one way to do it 的縮寫)，它的意思是說，要做一件事情，不只有一種方法。幽默一下，用提姆當例子：如果有個小孩叫提姆，他想要拖地，他可以從牆邊開始拖、也可以來來回回拖、從中間開始拖、先灑水再拖，可行的方法有很多種。

以剛才找 3 的倍數為例，如果用第一種方法，「把 3, 6, 9, 12... 一路往下寫，每次加 3，超過 100 就停筆」，這樣的作法比較像指令式，我們可以用 Python 來寫：

```
ans = []        # ans 一開始是空串列 []
n = 3
while n < 100:
```

```
  ans.append(n)    # 在 ans 串列最後面加上新元素 n
  n += 3           # 讓變數 n 的值增加 3
print (ans)
```

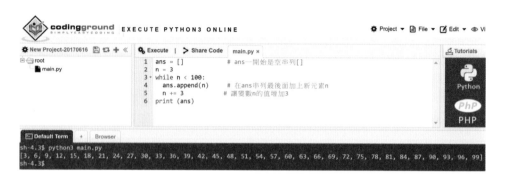

這裡代表結果用的 ans 並不是程式規定的寫法，只是自己取的變數名稱，你要改成別的也行。會取 ans 是因為它是英文裡「答案」（answer）的頭三個字母，當作 answer 的縮寫，可以少打幾個字，比較好寫、好記也好懂。

我們再看看第二種方法，「拿出一張 1 到 100 的百數表，把 3 的倍數圈起來」，這樣的作法用 Python 或 Haskell 寫都可以，因為比較像函數式的設計，這裡就用 Haskell 程式當範例：

```
main = print $ filter (\x -> x `rem` 3 == 0 ) [1..100]
```

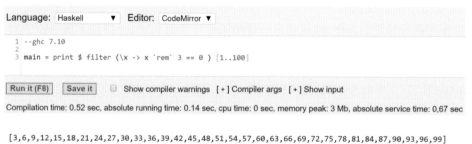

程式只有一行，看起來很簡潔，不過，簡短抽象的語句雖然寫慣了很便利，初學時卻可能比較難懂。

我們就把這一行中的語句一個一個拆解來看吧！

filter：「過濾器」的意思，也就是篩子，或是濾水器，做的事就是「篩選」。程式中的濾篩，即是用一個判斷式當基準，去篩選一串東西。所有符合條件的東西就通過，不符合條件的就不通過。如下圖所示，這個篩子是讓綠色的箭頭通過，擋掉紅色的箭頭；也就是說，把一部分不符合的資料擋下來，只有符合條件的資料才能通過篩子。

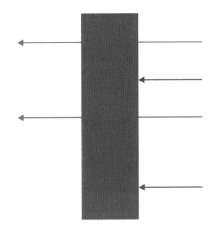

(\x -> x `rem` 3 == 0)：括號內的程式碼是個自訂的函式，每輸入一個數值 x，它就會判斷 x 除以 3 的餘數是否為 0。如果是 0，傳回 True（真，也就是符合）；否則傳回 False（假，也就是不符合）。我們在前面加上了 filter，也就是依據這個函式去篩選，判斷結果為 True 的數字才會通過篩子。

[1..100]：最右邊是個 1 到 100 的數列，也就是所有要丟進篩子裡去篩的東西。

這三個組合起來，就成了「拿出一張 1 到 100 的百數表，把 3 的倍數圈起來」這樣

的操作。

最後試看看第三種方法，「先知道它會有 33 個數字，於是編一個 1 到 33 號的表格，再在每個表格中寫下該號碼乘以 3 的結果」。

如果用 Haskell 來寫，就成了：

```
main = print $ map (*3) [1..33]
```

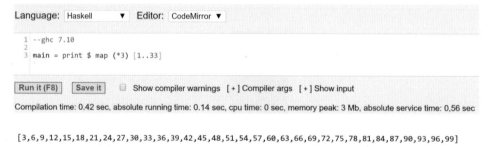

又是只有一行！

這次我們使用的是「映射」（map），它和filter一樣，可以接收一個函數和一個串列，但做的事有點不同。

映射：簡單來說，就是一起做一件事。也就是說，「映射」會把串列中的每一個元素都套入某個函式中，再把結果蒐集成為一個新串列。

如下圖所示，映射函式把「×3」作用在 [1..33] 的每個元素上，算出了 [3, 6...99] 的結果。

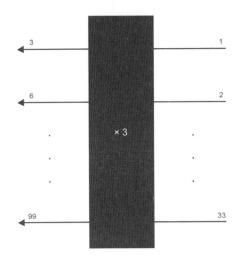

這張圖相當於這段 Haskell 式子：

```
map (*3) [1..33]
```

如果在它前面加上「main = print $」，就變成了

```
main = print $ map (*3) [1..33]
```

加上「print $」只是把結果印出來而已。

改作：

想想看，如果是「把 72 的所有因數找出來」，比較適合用哪一種思路改寫、可以怎麼改寫呢？

迴圈結構

接下來，一圈圈不斷旋轉的漩渦終於出現了！弄懂重複運轉的迴圈結構可以讓入門的水法師頭腦清醒。

我們先來看看「連加」的老問題。如果從 1 加到 100，不考慮是否麻煩，你會怎麼做呢？

是不是從 1+2 開始，算出結果後，再依序 +3、+4、+5……一直到最後 +100 呢？或是像高斯那樣使用配對的方法，把問題變成 (100) × (100+1) ÷ 2 呢？

(100) × (100+1) ÷ 2 可以直接寫成算式讓程式算，我們就不多提了，現在只看 1+2+…+100 這種手算很麻煩的「逐項連加」。

以指令式語言 Python 來說，要把連加寫成代碼，我們首先要設定結果的初始值為 0，之後會一路往上加。一樣用自訂的 ans 來代表結果：

```
ans = 0
```

第二步，要讓結果一直往上加，這裡就可以用到迴圈結構。

所謂迴圈，就是讓程式中的某一段指令，重複執行許多次，比方說，針對特定串列中的所有數值都執行一次。這裡用的就是「對每一個數值各執行一次」的 for 迴圈（for loop）：

```
for k in range(101):
    ans += k
```

上面的程式就代表:我們設定一個名叫「k」的變數，它從 0 一路跑到 100，每跑一圈，就讓我們的結果加上它。

所以我們的結果就會在第一圈時 +0、第二圈時 +1、第三圈時 +2……一直到最後一圈時 +100。

為什麼是寫 range（101）而不是 range（100）呢？

那是因為對 Python 的範圍產生器（range）而言，當我們只傳一個數字進去時，是代表該序列「不要碰到」那個數字。

如果寫 range（100），代表的是 0 到 99，不碰到 100，和 Haskell 的 [0..99] 代表的範圍相同。所以，既然我們給的數列是 0 到 100，不碰到 101，就要寫成 range（101）才對。

最後，我們只要用（print）函式把結果列印出來就行了：

```
print (ans)
```

以上的程式碼接合起來，就是完整的「1 到 100 連加」，Python 程式表示為：

```
ans = 0
for k in range(101):
    ans += k
print (ans)
```

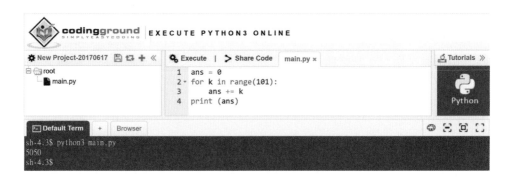

在此附帶一提，Python 3 中的範圍產生器，生成的是一個範圍，並不直接生成數列，要套上 list 函式才會變成它所代表的數列。可試著寫看看：

```
print (range(101))
print (list(range(101)))
```

然後讓 Python 程式跑跑看，你就會知道兩行列印出來的結果並不一樣喔！

改作：

既然有 1 到 100 的連加，相信你要把它改成 1 到 1000 連加，也不會難吧！不妨試試看。

折疊結構

接下來，我們來看看水系法術的「三疊浪」之術，又叫作「折疊結構」。

Haskell 中，純函式化的基本運算，並不涉及進階輸入與輸出，所以沒有迴圈結構，不論是 for 迴圈、while 迴圈都沒有。不過，Haskell 只要使用折疊結構和遞迴結構，就可以計算絕大部分在 Python 裡得用迴圈結構來計算的問題。

什麼是折疊結構呢？簡單來說，就像折棉被一樣，一個接一個往下折，疊出一層層波浪。至於遞迴結構，就是讓函式自己呼叫自己，我們後面會再介紹。

比方說，[1..100] 的連加問題，我們來看看在 Haskell 裡可以怎麼做：

```
main = print $ foldl (+) 0 [1..100]
```

這段程式是說：用「+」來折疊，從 0 起算，從左到右一路和 [1..100] 中每個元素都碰過一次，算出結果後，再列印出來。

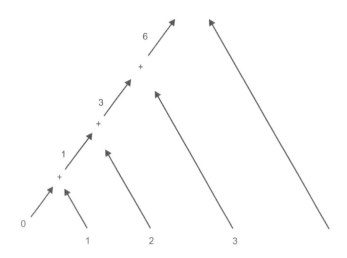

上圖是折疊運算開始後的幾個步驟。它會先算 0+1 = 1，然後 1+2 = 3、3+3 =6、6+4 = 10，一路往下加，直到最後 +100 為止。

改作：

試試看叫電腦用 Haskell 的折疊結構，算「1 到 100 的連乘」吧！起始的數字應該改成多少才好折疊呢？

省力的內建函式

水系法師也會游仰式，躺著漂流，乘浮力而起。普格碼島上，這道在水上撐起我們的浮力稱作「內建函式」。

像「連加」太常用了，Haskell 語言有提供簡易的語法，做的事和上述的折疊完全一樣。就像這樣：

```
sum [1..100]
```

其實 Python 也內建有連加函式，也就是加總函式 sum：

```
sum(range(101))
```

上面兩個例子就是內建函式。有些程式不必從頭寫起，只要懂得善用內建函式，即可省下不少力氣。由於每種語言的主要使用族群不同，常用的內建函式也會有所不同。

那麼，要如何找到簡單又幫我們省力的內建函式呢？

首先，把線上的互動教程從頭到尾做一遍，就可以認識不少的內建函式囉！此外，用關鍵字「python built-in function」和「haskell prelude」搜尋，也可查到許多內建函式。總之，找到了內建函式 sum，我們就可以比較輕鬆地算出 100 內所有偶數的連加了，即 2+4+6+...+100。

你有沒有察覺這中間我們需要的是什麼？「偶數連加」和 1+2+...+100 兩者有什麼不一樣？其實，唯一的差別在於，「偶數連加」要的是一個公差為 2 的等差數列（即：2, 4, 6, 8,...,100）。如果能建構出這樣的數列，其他的問題就和前面是一樣的。

在 Python 語言中，要建構這樣一個等差數列，可以用 range( ) 的特殊用法，也就

是給它三個數字，用來建構數列：

```
range(2,101,2)
```

在這裡，我們給 range 輸入了三個數字：2, 101, 2。

第一個輸入值「2」代表起始值為「2」。

第二個輸入值「101」代表最後一個數字不可以碰到「101」（當然也不能跨過101）。

第三個輸入值「2」代表每一個數字比前一個數字多「2」。

組合起來的意思就是：「給我一個數列，從 2 開始數，每次多 2，但不可以碰到101。」

為了保險起見，我們先來檢查看看 range(2,101,2) 是誰：

```
print (list(range(2,101,2)))
```

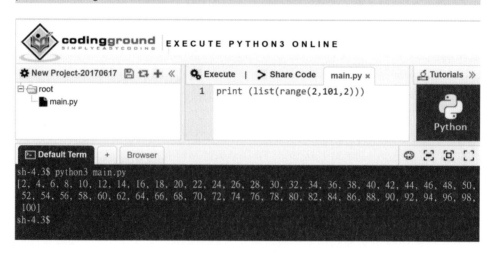

等確定沒問題了，再套入「全部加起來」的內建函式 sum，就完成啦！

```
print (sum(range(2,101,2)))
```

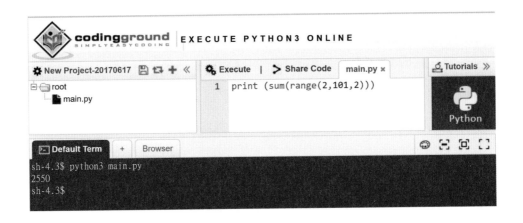

同樣的問題，如果用 Haskell 語言來寫又是如何呢？

其實大同小異，只有建構數列的寫法稍微不同，其他的就用內建函式 sum，就很
簡單啦！

```
main = print $ sum [2,4..100]
```

用 Haskell 測試看看吧！

改作：

試試看其他不同數列的連加吧！例如等
差數列，像是 [1, 4, 7, 10, 13,...,91]，每
一項都是前一項加 3；或是等比數列，
像 [1, 2, 4, 8, 16, 32, 64,...,1024]，每一
項都是前一項乘以 2。

差距的玄機

讓電腦造出直的水道並不難,但水道有分叉時,該怎麼設計咒語呢?

現在有個看起來簡單,但是中間藏有分叉玄機的例子:取兩數的差距。

如果用手算的話,很簡單,只要把大的數字減掉小的數字就可以了。

但是對電腦來說,這不是一條能直直前進的水道,它會算普通的減法,可是並不知道取差距時要把哪個數字減掉哪個數字。

這時,我們就要加上某種結構建好分支,說明在不同的情況下應該怎麼處理,方便電腦判斷,這種結構被稱為「條件判斷」。

我們拿 25 和 13 這兩個數字來試試看。

Haskell 的寫法:

```
diff a b = if a > b
           then a-b
           else b-a


main = do print $ diff 25 13
          print $ diff 13 25
```

compile haskell online

Language: Haskell ▼   Editor: CodeMirror ▼

```haskell
1  --ghc 7.10
2
3  diff a b = if a > b
4               then a-b
5               else b-a
6
7  main = do print $ diff 25 13
8            print $ diff 13 25
```

[Run it (F8)] [Save it] ☐ Show compiler warnings [+] Compiler args [+] Show input

Compilation time: 0.52 sec, absolute running time: 0.14 sec, cpu time: 0 sec, memory peak: 3 Mb, absolute service time: 0,67 sec

```
12
12
```

Python 的寫法：

```python
def diff (a,b) :
    if a > b:
        return a-b
    else:
        return b-a


print (diff(25, 13))
print (diff(13, 25))
```

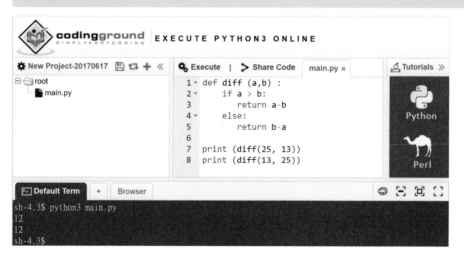

在 Haskell 語言中，「if...then...else...」就是「如果⋯⋯就⋯⋯不然就⋯⋯」。Python
語言的寫法類似，只是省略了 then 不用寫。

將條件寫清楚的話，不管我們先列出 25 還是 13，電腦都知道要先判斷兩數的大小，
再將大的數字減掉小的數字。

改作：
試著寫一個函式，當輸入的數字是偶
數時，就輸出 6；其他情況，就輸出 3，
看看結果會怎樣？

統計問題

海納百川，有容乃大。水最終會流向大海，將河流收納到海洋的法術，法師們稱作
「統計」。

統計，就是統而計之，也就是將蒐集來的一大筆資料，經過整理、歸納、分析後得
到結果。

目前，世界上幾乎所有的統計工作都交由電腦來計算，統計學家只要把統計理論、
模型、公式等研究出來，實際的運算就叫電腦來做。無論是加總、製圖，電腦的計
算速度都是人力所不能及的，所以我們要學的是如何寫程式來駕馭電腦，要它替
我們算。

現在我們來看看簡單的統計問題，例如，我們來算一筆資料的平均數和頭尾差。

這筆假想的資料有 16 個數據，它代表某個班級中，16 位小朋友的身高分布，單
位是公分，表示方式為一個串列：

[130,120,125,138,126,118,125,129,137,131,130,136,126,129,128,117]

所謂平均數，是將這 16 個身高數字全部加起來再除以總人數。意思就是，假如重
新把身高平均分配的話，每個人應該會有的身高數字；至於頭尾差，它是指最大
和最小數字的差距，以這例子來說，就是身高最高和最矮的差距。

為了要同時算出身高平均數和頭尾差，我們可以自訂兩個函式，即：

```
mean x = sum x / fromIntegral (length x)
range x = maximum x - minimum x
```

第一個 mean 算的是平均數，將串列中所有數字的總和除以串列的長度 (length)。

其中「fromIntegral」這個函數在處理數字問題時很好用，它的作用是可以將整數當成帶有小數點的浮點數來運算，以便進行本例中可能除出小數點的除法。如果不使用浮點數的話，電腦就會運算出整數的商數和餘數，沒辦法求出我們要的平均數。

第二個 range 算的是頭尾差。「maximum x」是算出 x 串列裡的最大值、「minimum x」是算出 x 串列裡的最小值。

在這裡之所以能取 range 這個名稱，是因為 Haskell 語言中 range 並不是內建函式。但如果是在 Python，因為已經有名為 range 的內建函式，所以如果我們定義的函式和內建的 range 一起出現，就不適合再用 range 這個名稱，得換個名稱，例如 rg 才好。

這兩個函式還有個優點，它們可以重複使用。如果換一筆資料進來，還是可以套用同樣的函式去算平均數與頭尾差 。

將程式碼用 Haskell 語言完整寫出來，是這個樣子：

```
d = [130,120,125,138,126,118,125,129,137,131,130,136,126,129,128,117]


mean x = sum x / fromIntegral (length x)
range x = maximum x - minimum x


main = do print $ d
          print $ mean d
          print $ range d
```

compile haskell online

Language: Haskell ▼ Editor: CodeMirror ▼

```
1 --ghc 7.10
2 d = [130,120,125,138,126,118,125,129,137,131,130,136,126,129,128,117]
3
4 mean x = sum x / fromIntegral (length x)
5 range x = maximum x - minimum x
6
7 main = do print $ d
8           print $ mean d
9           print $ range d
```

[Run it (F8)] [Save it] ☐ Show compiler warnings [+] Compiler args [+] Show input

Compilation time: 0.52 sec, absolute running time: 0.14 sec, cpu time: 0 sec, memory peak: 3 Mb, absolute service time: 0,67 sec

```
[130.0,120.0,125.0,138.0,126.0,118.0,125.0,129.0,137.0,131.0,130.0,136.0,126.0,129.0,128.0,117.0]
127.8125
21.0
```

Python 的寫法其實大同小異，以下 len 就是 length 的縮寫，一樣用來取串列的長度：

d = [130,120,125,138,126,118,125,129,137,131,130,136,126,129,128,117]

def mean(xs): return sum(xs) / len(xs)

def range(xs): return max(xs) - min(xs)

這裡定義的 range 會蓋掉原本的內建函式 range

print (mean(d))

print (range(d))

因數與倍數

在國小的數學中，因數與倍數的問題也算是數一數二煩人的。我們是否也可以寫程式叫電腦算呢？

例如，如果要找 72 這個數字的所有因數，可以怎麼做呢？這聽起來就很像要用到濾篩吧！我們就來篩篩看 72 這滴水珠裡有什麼重要元素，利用「72 除以它的因數，餘數是 0」這個特性來篩選。

Haskell：

```
divisors x = filter (\k -> x `rem` k == 0) [1..x]


main = print $ divisors 72
```

compile haskell online

```
[1,2,3,4,6,8,9,12,18,24,36,72]
```

如果要找 60 和 72 兩個數值的最大公因數，這程式要怎麼寫呢？

「求最大公因數」這件事在 Haskell 有個內建函式「gcd」，因此這樣寫就行了：

```
main = print $ gcd 60 72
```

compile haskell online

Language: Haskell ▼ Editor: CodeMirror ▼

```
1 main = print $ gcd 60 72
```

[Run it (F8)] [Save it] ☐ Show compiler warnings [+] Compiler args [+] Show input

Compilation time: 0.52 sec, absolute running time: 0.13 sec, cpu time: 0 sec, memory peak: 3 Mb, absolute service time: 0,66 sec

12

但在 Python 語言就沒有 gcd 這個內建函式，所以要先找到它的結構，才能把它寫出來。我們可以自己定義出 gcd 來。

要找 a 和 b 這兩個數值的最大公因數，有很多方法。我們不妨先從最簡單好懂、最符合問題原意的方法著手：

1 從 1 一直數到 a 和 b 中較小的那一個，形成一個串列。

2 把串列送進濾篩裡，只留下 a 和 b 的公因數（這一步會留下所有 a 和 b 的公因數）。

3 取其中最大的一個，當作輸出的答案（那就是「最大公因數」的原意了）。

那麼 Python 的程式碼就可以這樣寫：

```
def gcd(a,b):
  return list(filter(
    lambda x : a % x == 0 and b % x == 0,
    range(1, min(a,b)+1)
  ))[-1]


print (gcd(6,8))
print (gcd(30,45))
```

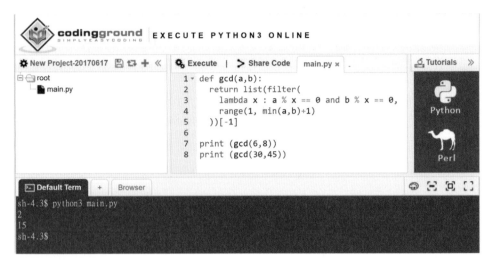

由上面的程式中得知，list(filter(判別式 . 串列)) 的作用，和前面提到 Haskell 的 filter 是一樣的。

值得留意的是，在 Python 3 中，為了增廣用途，filter 輸出的是生成規則，要再套上 list ( ) 函式才會變回整個串列。至於最後的 [-1]，意思是取串列中的最後一個數值。

另一種使用迴圈而非濾篩的方法，那就是：

1 先把 1 當作答案。

2 接著從 1 開始往後數，直到數到 a 和 b 兩數中較小的那個數為止。

3 每次遇到公因數，就拿它取代手上的答案。

4 數完之後，傳回最後留下的答案。

照這種方法，最大的公因數出現時，會取代之前的答案，之後就不會再出現別的公因數來取代它了。所以最後輸出的就是最大公因數。

```python
def gcd(a,b):
    ans = 1
    for x in range(1, min(a,b)+1):
```

```
        if a % x == 0 and b % x == 0:

            ans = x

    return ans


print (gcd(6,8))

print (gcd(30,45))
```

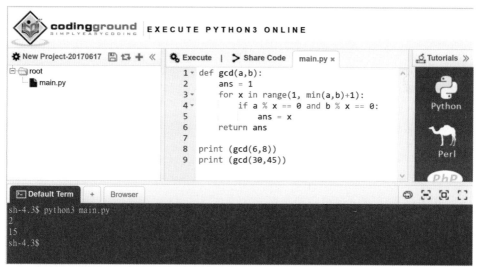

程式中的 ans 是主要的變數，最後輸出的也是 ans。一開始就把 ans 設成 1，那是因為 a、b 兩個數值的公因數中，1 是所有可能的答案中最小的。當 a、b 互為質數的情況下，最大公因數是 1，不會有更小的答案了。

後面的部分就很單純，只要遇到比目前的 ans 更大的公因數，就取代目前的 ans。等全部跑完後，再把留到最後的 ans 輸出。

改作：

設計一個 Python 函式，可找兩個數值之間的最小公倍數。

設計一個函式，可找一連串數字的最大公因數。

設計一個函式，可找一連串數字的最小公倍數。

在設計的過程中，請記得套入實際的數字運算，來測試它們的正確性。

質數的篩法

有了因倍數的問題，自然會衍生出質數的問題。接下來我們就來看更高階的濾水術，利用濾水術過濾出最純的元素——質數。

質數一直是數學家樂於研究的對象，它們的因數只有 1 和自己，有不可再分解的特性。每一個自然數，如果要以質數和乘法來組合，都只有一種組合方式。

我們要怎麼找質數呢？古希臘數學家歐幾里得已證明，質數有無窮多個（你可以在書或網路上查到這則漂亮的證明，這裡先略過）。不過，如果我們先預定一個區塊，當然就可以根據區塊去找質數，因為它們的範圍被限制了，不再是無窮多個。

例如，怎麼找出 100 以內的所有質數呢？還是一樣，提姆拖地，方法不只一種。如果按照問題的原意，或許可先根據質數的特性寫出一個質數的判別式，再用濾篩去篩，就成了以下的 Haskell 程式：

```
isPrime x = all (\k -> x `rem` k /= 0) [2..x-1]


main = print $ filter isPrime [2..100]
```

compile haskell online

Language:	Haskell ▼	Editor:	CodeMirror ▼

```
1 isPrime x = all (\k -> x `rem` k /= 0) [2..x-1]
2
3 main = print $ filter isPrime [2..100]
```

[Run it (F8)] [Save it] ☐ Show compiler warnings [+] Compiler args [+] Show input

Compilation time: 0.52 sec, absolute running time: 0.14 sec, cpu time: 0 sec, memory peak: 3 Mb, absolute service time: 0,67 sec

[2,3,5,7,11,13,17,19,23,29,31,37,41,43,47,53,59,61,67,71,73,79,83,89,97]

但若使用「篩法」的話，就會形成不同的演算法和程式構造了。

所謂「質數篩法」，又稱埃拉托斯特尼篩法，它是一種簡單又古老的演算法，對於找出一定範圍內的質數，是最有效的方法之一。它簡稱叫埃氏篩，是為了紀念古希臘的數學家埃拉托斯特尼，他是一位曾經測量地球直徑的學者。

埃拉托斯特尼篩法，是先把範圍內的所有數字製成一張表，扣掉 1，因為 1 不是質數，然後圈出 2，並把 2 的倍數都從表上刪掉；再來圈 3，並把 3 的倍數都刪掉；再來因為 4 是 2 的倍數已被刪除，就圈 5，並把 5 的倍數都刪掉，依此類推，一面圈一面刪，一路圈到最後一個數字為止。

它的好處是，每次刪掉一部分的數字後，接下來要判斷檢查的數字就變少了。以手算來說，它會比逐一檢查快很多，你可用 Haskell 試試：

```haskell
primes [] = []
primes (1:xs) = primes xs          -- 遇到由 1 開頭的數列，先扣掉 1
primes (x:xs) = x:primes (filter (\k -> k `rem` x /= 0) xs)  -- 不然圈起最前面的，
並且把它的倍數全刪掉，再繼續篩檢


main = print $ primes [1..100]
```

compile haskell online

Language: Haskell ▼ Editor: CodeMirror ▼

```
1 primes [] = []
2 primes (1:xs) = primes xs          -- 遇到由1開頭的數列，先扣掉1
3 primes (x:xs) = x:primes (filter (\k -> k `rem` x /= 0) xs)  -- 不然圈起最前面的，並且把它的倍數全刪掉，再繼續篩檢
4
5 main = print $ primes [1..100]
```

Run it (F8)　Save it　☐ Show compiler warnings　[+] Compiler args　[+] Show input

Compilation time: 0.52 sec, absolute running time: 0.14 sec, cpu time: 0 sec, memory peak: 3 Mb, absolute service time: 0,67 sec

[2,3,5,7,11,13,17,19,23,29,31,37,41,43,47,53,59,61,67,71,73,79,83,89,97]

把它寫成程式後，因為電腦計算相當迅速，所以 100 以內的數字，其實並不容易讓我們看出這兩種算法間的效能差異。不過，如果改成找出 10000 以內的所有質數 [1..10000]，就可以明顯看出埃拉托斯特尼篩法比較快。

一個程式的好壞，對人而言是否容易理解與修改、對電腦而言執行效能是否夠快，都是設計者要考量的重點。

這本書只是稍稍展示一下，不同的算法在執行效能上會有相當大的差異。如果把輸入的數值放大到一定程度，往往就可以看出很大的不同。其他更深入的探討，例如如何用數學來描述執行效能，這裡就不多著墨了。

從今以後，如果你有興趣深入了解演算法，你還有很多機會在不同的書與網站中，學到執行效能相關的更多知識。

遞迴結構

水平無波明如鏡，現在來個不斷反射、生出鏡相的水鏡術，也就是前面提到的「遞迴結構」。

一個函式呼叫自己，就稱為遞迴，它也是一種重複執行程式的方法，而且對電腦來說，遞迴比折疊、迴圈更簡單。

在前面的埃拉托斯特尼篩法中，我們已經用過一次遞迴了：

```
primes [] = []
primes (1:xs) = primes xs
primes (x:xs) = x:primes (filter (\k -> k `rem` x /= 0) xs)
```

請看第二行和第三行中， primes 呼叫了 primes 自己。當你在使用埃拉托斯特尼篩法時，的確要來來回回篩好幾次，不過因為每回篩的東西變少了，所以總有篩完的時候。

那麼在什麼情況下會用到這種遞迴呢？階乘問題就是個例子。

階乘符號「!」是個有趣的數學符號，代表不斷的往下乘直到 1，例如 4! 代表 4 × 3 × 2 × 1。

我們用已知 4 的階乘 4 × 3 × 2 × 1 = 24 來當測試，如果程式跑出的結果不對，那就表示你的程式有哪個環節寫錯了，要把它找出來改正。

簡單的階乘用手算還可以，但使用程式可以很快就算出我們手算算不到的數字，例如 20 的階乘。

要怎麼做呢？我們可以設計一個函式 fact（取名為 fact，是因為階乘的英文是

factorial），設定 fact(0) 是 1，然後當要算某個數值的階乘時，就改成算「該數值本身」乘以「該數值減 1 的階乘」。

也就是說，fact(4) 會被簡化成 4 × fact(3)，然後再變成 4 × 3 × fact(2)，一直到 4 × 3 × 2 × 1 × fact(0) 時，它就觸底了。因為我們設定了 fact(0) 是 1，所以遞迴就會到此為止、不再往下，fact(4) 會算出正確答案 4 × 3 × 2 × 1 × 1。

這次我們用 Python 和 Haskell 語言來寫一樣的遞迴，注意，在 fact 函式當中都會呼叫 fact 自己。

Python：

```python
def fact(n):
    if (n == 0):
        return 1
    return n * fact(n-1)


print (fact(4))
print (fact(20))
```

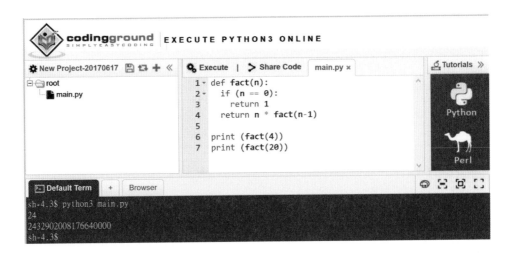

Haskell：

```
fact 0 = 1
fact n = n * fact (n-1)


main = do print $ fact 4
          print $ fact 20
```

compile haskell online

其實不只階乘，在 Haskell 中的許多內建函式，如 sum、filter、map 等等，都是透過遞迴方式組合基礎的運算得來的喔！

改作：

斐波那契數列，又稱為黃金分割數列，最早討論它的
是印度數學家，在西方則是數學家斐波那契。斐波那
契數列中的每一項都是前二項的和，例如 [0, 1] 之後
的數字是 0+1=1，[1, 1] 之後的數字是 1+1=2，再來是
1+2=3，以此類推。

古早的斐波那契數列是由 [1, 1] 開頭，現代則常以 [0,
1] 開頭。

試試看用遞迴定義和映射，創建一個 100 項的斐波那
契數列 [0, 1, 1, 2, 3, 5, 8, 13, 21, 34, 55,...]。

如何處理字串？

學了許多水的結構。接著，我們轉換一下，來看看水面上的水紋吧！利用「字串」來營造水面上的視覺效果。

經過了許多數字計算後，我們來碰一下「字串」的處理。數學不只是算術，也包括幾何，以及現在要談的密碼問題。

密碼學是一個專門的學問，裡面很多的演算法在實作上都要靠電腦程式來達成。

舉個簡單的例子，就是透過字母的後推，來設定密碼（encode）。我們可以設計一個函式，把字串中的每個字元都往後推一步，像是 a 變 b、b 變 c、c 變 d……最後 z 變 a。

如果把這個編碼函式套用在「coding is fun」上，就會將它轉換成「dpejoh jt gvo」古怪又看不懂的一句話。

接著再另外寫一個能把它轉換回來（decode）的對應函式，也就是全部往前推一步，像是 z 變 y、y 變 x、x 變 w……最後 a 變 z。

要做這種字元的變換，通常要用到 ord、chr 這兩個內建函式。 因為字元的型別是 Char（character），它不是數字，所以不能加 1 或減 1，如果要往後推或往前推，就要先將它按排序（order）轉換成一個對應的數字。

字元對應數字的編碼方式不只一種，我們這裡使用簡單的 ASCII 編碼。和 Unicode 編碼相比，ASCII 相對比較簡單，它能處理英文和一部分的符號，要處理這些字元的變換是完全足夠的。如果你想要處理中文或是多國語文的密碼，可再去查查 Unicode 的編碼、解碼。

現在我們就來用 Haskell 語言實際做做看簡易的密碼，用「斑馬喜歡跑步和睡覺」（Zebras like to run and sleep. zzz...） 這古怪的句子當作測試，並非對斑馬有什麼意見，而是因為它同時有大寫的 Z 以及小寫的 z 和 a，這兩個字母剛好位於字母表的最前和最後，無法直接用前推和後推的方法轉換，需要另外定義，就測試而言相當適合：

```
import Data.Char

enc 'z' = 'a'
enc 'Z' = 'A'
enc c = chr (ord c + 1)

encode s = map enc s

dec 'a' = 'z'
dec 'A' = 'Z'
dec c = chr (ord c - 1)

decode s = map dec s

main = do print $ encode "Zebras like to run and sleep. zzz..."
          print $ (decode . encode) "Zebras like to run and sleep. zzz..."
```

程式中的 import，是導入模組的意思。許多含有特殊功能的函式庫，會被另外獨立製作成模組，要用 import 來導入。這裡我們用到的是專門處理字元的 Data. Char。

ord 函式是把字元對應成 ASCII 碼，chr 函式則是把 ASCII 碼對應成字元。

就這樣讓電腦去跑，看看會發生什麼事呢？

compile haskell online

| Language: | Haskell ▼ | Editor: | CodeMirror ▼ |

```haskell
 1 import Data.Char
 2
 3 enc 'z' = 'a'
 4 enc 'Z' = 'A'
 5 enc c = chr (ord c + 1)
 6
 7 encode s = map enc s
 8
 9 dec 'a' = 'z'
10 dec 'A' = 'Z'
11 dec c = chr (ord c - 1)
12
13 decode s = map dec s
14
15 main = do print $ encode "Zebras like to run and sleep. zzz..."
16           print $ (decode . encode) "Zebras like to run and sleep. zzz..."
```

| Run it (F8) | Save it | ☐ Show compiler warnings [+] Compiler args [+] Show input |

Compilation time: 0.52 sec, absolute running time: 0.14 sec, cpu time: 0 sec, memory peak: 3 Mb, absolute service time: 0,67 sec

```
"Afcsbt!mjlf!up!svo!boe!tmffq/!aaa///"
"Zebras like to run and sleep. zzz..."
```

建置單機的 Python 和 Haskell 開發環境

恭喜你，接著，要在你自己的園地，建置你專屬的魔法力池了。

前面在網頁平台上的測試都是在線上跑，如果要讓存檔更方便，或是讓程式讀寫電腦上的檔案，在自家或某台公用電腦上，安裝開發環境是必要的。

雖然它會花你一些時間，但卻是一勞永逸。只要安裝過後，直到下次程式語言改版前都可以不斷的使用，就算遇到改版也只需要再安裝更新檔，一點也不難 。

那麼，要怎麼安裝呢？首先得讓你的電腦能夠讀懂使用 Python 和 Haskell 語言書寫的程式。大部分的作業系統都沒有內建，必須從網路上下載。

Python下載：

1 載入 https://www.python.org/downloads/ 網頁。

2 選取「Download Python 3」（可能會是 3.6.1 或某個較新的 3.x.y 版本）。

3 打開下載的壓縮檔，跟著上面的步驟操作安裝。如果你使用的是 Windows 作業系統，那麼得要多幾個步驟，像下面圖示一樣，選擇「Customize installation > Next > Add Python to environment variables」，再點「Install」安裝。

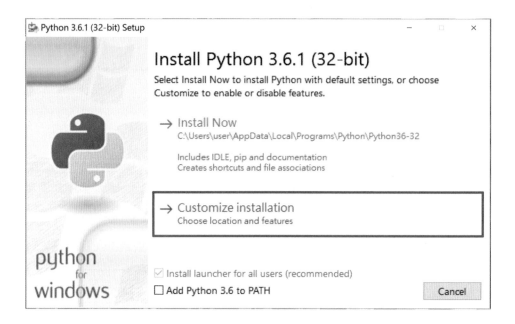

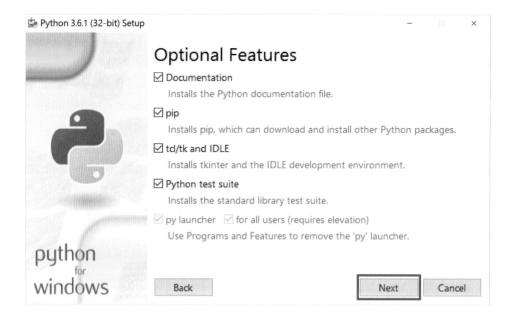

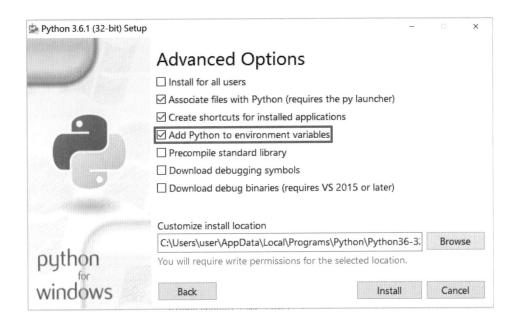

4 安裝好後，開啟可以打字輸入指令的「命令列」[1]，即可在命令列中用「python」指令來執行電腦上的 Python 程式。例如，如果你在 Documents\test-python\資料夾存了一支 hello.py 程式，你可先在命令列上輸入「cd Documents\test-python\」，移至你存程式的資料夾，再輸入「python hello.py」即可執行。

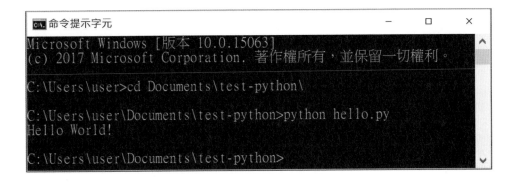

Haskell 下載：

１ 載入 https://www.haskell.org/platform/ 網頁。

２ 找到符合你的作業系統的版本，按下「Download」。

３ 打開下載的壓縮檔，跟著上面的步驟操作即可安裝。

４ 安裝好後，在可以打字輸入指令的「命令列」中，即可輸入「ghci」指令來執行電腦上的 Haskell 程式。例如，如果你在 Documents\test-haskell\ 資料夾存了一支 hello.hs 程式，你可在命令列上先輸入「cd Documents\test-haskell\」，移至你存程式的資料夾，再輸入「ghci hello.hs」，等命令列讀到程式，顯示「Ok, modules loaded」之後，輸入「main」即可執行。

此外，如果上列的網址找不到你要的內容，也可以輸入關鍵字「python download install」和「haskell download install」搜尋其他的下載點。

---

[1] 視作業系統不同，「命令列」也可能叫作「終端機」、「命令提示字元」、「命令行」等等，有時會用英文命名為「cmd」。第一次使用時要在電腦裡搜尋，找一下在哪裡，之後就容易開啟了。至於如何透過命令列移至目錄、檢查或開啟檔案，可在網路上以「命令列 操作」為關鍵字查詢。此外，命令列也有分 unix、linux、dos……等不同系統，指令並不完全相同。一開始操作時要找一下符合自己電腦的，通常 Windows 系統附的命令列是 dos，OS X 系統附的命令列是 unix。

讀寫檔案

最後介紹讀寫檔案的瀑布術，利用這招，可以讓檔案像瀑布般嘩啦啦的順暢流通。

建置自己的單機開發環境，除了方便存檔外，更可以隨時讓程式讀寫電腦上的檔案。因為在線上執行時，瀏覽器並沒有直接讀寫你自家電腦上檔案的權限。

讀寫檔案的程式，在線上是無法正常運作的，必須手動「上傳」「下載」來避免資安問題。但是在自己的單機開發環境中，就沒有這個限制。

現在來看看這個簡單的讀寫檔案程式：

Python：

```
f = open('input.txt', 'r') # 第二個輸入值「r」代表是要「讀取」 (read)
contents = f.read() # 將讀到的內容存進一個自訂變數中

t = open('output.txt', 'w') # 第二個輸入值「w」代表是要「寫入」 (write)
t.write("Hello World!" + contents) # 把內容前面加上 Hello World!，再寫入另一個檔案
```

Haskell：

```
main = do
     contents <- readFile "input.txt" -- 將讀到的內容存進一個自訂變數中
     writeFile "output.txt" ("Hello World!" ++ contents) -- 把讀到的檔案內容前面加上 Hello World!，再寫入另一個檔案
```

在單機開發環境，把它們存成名為 test.py 和 test.hs 的檔案，並在同一個目錄放上 input.txt，隨便打幾個字，然後讓它們跑跑看吧！

瀑布術已經嘩啦嘩啦流出效果了。打開存檔資料夾看看，發生什麼事了呢？

附帶一提，讀寫檔案並不限於文字檔，你也可以讀寫一個程式檔、圖檔、音樂或音效檔、影片檔等等各種檔案。

對於圖檔、音樂、影片等檔案來說，程式讀寫的是它們的原始碼，也就是用文字編輯器打開檔案時會看到的樣子，像亂碼但不是亂碼，而是原始碼。如果要對某種檔案做有意義的操作，就要先去了解這種檔案格式的編碼方式，才能在原始碼的層次操作它。

值得做做看的點子

最後提供一些水系的點子，或許你會有興趣試做看看。

讀寫密碼：將前面提到的密碼問題，改成「讀一份 input.txt，把變造過的內容寫進 output.txt」。

單位換算：例如，把「每分鐘跑幾公尺」的數字，換算成「每小時跑幾公里」。

取中間數值：找出一筆資料，然後由小排到大，取最中間的數值。如果資料有偶數筆，就傳回最中間兩數的平均值（如何排順序，可以上網輸入關鍵字「Haskell 排順序」或「Python 排順序」搜尋到這個函數的演算法和語法）。

／給新手法師的常用咒文表（水系）／

Python：

咒文	英文	中文
print	print	列印
def	define	定義（函式）
/	classic division	一路除到小數
//	floor division	取商數
%	mod	取餘數
if	if	如果
else	else	否則
filter	filter	濾篩

map	map	映射
list	list	串列
range	range	範圍
while	while	當
for	for each	對每個
len	length	長度
append	append	從後面加入
open	open	開啟檔案
read	read	讀取檔案
write	write	寫入檔案

Haskell：

咒文	英文	中文
main	main	主程式
do	do	做
print	print	印出
readFile	read file	讀取檔案
writeFile	write file	寫入檔案
\`div\`	divide	除以
\`rem\`	remainder	取餘數
if	if	如果
then	then	則
else	else	否則
filter	filter	濾篩
map	map	映射
(\x -> 對 x 的操作)	nameless function	匿名函數
all	all	所有都對
foldl	fold start from left	從左開始折疊

fromIntegral	from integral	來自整數
length	length	長度

／可以嘗試的下一步／

本書的水法術交代到尾聲了，剩下的路，就靠你自己去學習了。

以下是比較完整的入門教程，你不妨先寫過一些小程式之後，再上去看：

1 A Byte of Python：http://python.swaroopch.com/functions.html

2 Learn You a Haskell for Great Goods！：http://learnyouahaskell.com/chapters

第三章

風系法術
HTML+CSS+JavaScript 開心寫網頁

風系法術簡介

難度　**中等程度者**
適合　**喜歡上網的人**
重視　**溝通**

風、空氣一直扮演著傳遞信息的角色。花瓣和落葉都會隨風飛舞，帶來季節變換的消息；人們交談的聲響，也是透過空氣傳遞。因為這樣，風系法術運作時最注重的就是溝通、傳達訊息的效果。

自古以來，人與人之間就有互相傳遞信息的需求。古代的人設立烽火台、飛鴿傳書；現代人用網路、手機，這些都是為了傳送訊息，彼此溝通。

近年來「網路」相當普及，根據國家發展委員會的調查報告，民國 104 年，台灣 12 歲以上的國民上網率有 78%。食、衣、住、行、育、樂，尤其是社交、學習和工作的方式，都因為網路的普及而讓我們的生活習慣徹底改變了。你會發現，人們每分每秒都在使用電腦、手機等電子工具，上網、聊天、即時通訊、視訊開會等等；不光是人與人、企業與企業，甚至跨國際的資訊交換，都無所不在。

這一章裡，我們要向風系法師學習怎麼利用程式和別人連線，透過網路與對方交換訊息。學會與了網路相關的程式語言，就能架設網頁來傳播、蒐集資訊、方便人們查詢資料與相互交流。

╱版本註記╱

本章介紹的程式語言是 HTML 5 版、CSS 3 版和 JavaScript 5 版的功能和範例，
當你在閱讀這本書時，如果它們已經更新版本，操作方式可能會略有不同。

╱網路連線的結構╱

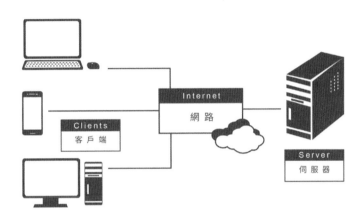

如上圖所示，用戶 A 和用戶 B 之間的溝通，並不是點對點直接連線，而是透過一
個名叫伺服器 (server) 的中介。伺服器本身是一台電腦主機，人們可透過網路位置
（IP）或網域名稱連上它，向它提出請求，並收到回應。你也可以把自己的電腦架
成一台伺服器。這些技術比較複雜，我們先不討論，但是在網路上並不難查到。

總之，因為有了中介者，所以經由網路進行的社交通訊，除非經過特殊的加密程
序，否則可以說是沒有很大的隱私。即使名為「私密社團」或「私訊」，在伺服器
這一端往往也都會自動留存記錄，而記錄會不會外流，或是因伺服器端被入侵而
被盜取，我們在用戶端是沒有辦法確知的。

一般而言，用戶端簡稱前端，伺服器端簡稱後端。程式設計師寫來在用戶端跑的程

式，就是前端程式；在伺服器端跑的，就是後端程式。自從 2005 年以來，用戶端瀏覽器的執行效能大為增強，使得前端程式的執行速度變得越來越快。過去只能在後端跑的功能，逐漸都往前端移動了，這是一個很大的改變。

程式能在前端直接跑，對架設網站的人來說，當然比較節省資源。每位用戶都可以把需要的功能程式碼，隨著網頁一起下載到自家的瀏覽器上跑，伺服器就不必執行那麼多的程式，變得輕鬆許多。

這就像賣炒飯的店，如果有一天突然不必自己做每一份炒飯，只要把食材、飯和食譜一齊交給顧客，大家就會回家自己動手完成炒飯一樣，當然店家就輕鬆很多了。

把執行的各種功能寫進前端，因為省去後端的負荷，也就可以緩解大量用戶同時連線使用的情況下，後端伺服器可能因為負荷過重而過載、無法回應的窘境。

在現今後端服務平台（Backend as a Service）蓬勃發展的趨勢下，要開發新的網路服務時，即使需要用到後端，像聊天室，也常常不必自己寫後端，可以選擇先應用別人提供的後端服務，讓自己專注在使用者會直接經驗到的前端設計。

後端服務相當多元，例如從地址查座標、QR code 條碼產生器、資料存提、即時互動、權限管理、收發 e-mail 等等。它們的經營模式，大都採取在小量使用時提供免費服務，流量大時才會開始收費。當你還在初學階段，可以免費運用各種後端服務，不太需要擔心預算問題。

為了因應這個趨勢，本章的入門學習教材就只介紹前端的程式語言。未來如果你有興趣研究後端語言，可以在這個「開發者的地城冒險」網站上，查閱技能樹右邊與後端相關的項目，上面有推薦的學習網站，可用來作為日後自學的指南。網址：http://www.dungeonsanddevelopers.com/。

／ HTML + CSS + JavaScript，網頁傳天下 ／

你曾經用紙飛機傳過信嗎？在紙飛機上寫字畫圖，風吹了，紙飛機就飛了，把訊息帶到遠方。網路上的紙飛機是什麼呢？就是「網頁」。

設計一個網頁需要準備什麼呢？你不妨先把它想成是一份報紙，或是一張菜單，你要讓它呈現什麼樣的面貌呢？

首先，它當然要有版型和內容，也就是要設計一種排版的方式，把內容呈現出來。網頁的基本排型，統一是使用「超文件標示語言」（HyperText Markup Language, HTML）寫成的。HTML 是在編寫網頁時，編排所用的標準語言，是一種宣告式程式語言，可以透過描述而非指令的方式，在網頁上配置文字、影像、聲音、超連結等元素。

再來，我們要讓版面有一定程度的美化，至少區塊的位置、字體的大小與顏色，要讓大家可以讀懂。這時就需要另一種專門寫樣式語言的工具，即「層疊樣式表」（Cascading Style Sheets, CSS）。CSS 也是一種宣告式語言，可以調整元素的位置、字體大小與顏色，也能添加許多視覺特效來改變外觀，讓網頁呈現出你想要的風格。

CSS 聽起來有點像有名的美女「西施」，而且可用來美化網頁，聯想起來是不是很生動呢？

除了美化版型和增加樣式，如果我們還要加入互動功能、資料處理的話，就需要另一種負責處理功能的語言，那就是 JavaScript。JavaScript 是一種指令式語言，可以修改排版、樣式，也可以實作各種互動功能以及資料的處理。

前端語言是寫給瀏覽器來執行的，瀏覽器有很多種，但是都是設計來處理 HTML、CSS、JavaScript 這三種語言。它們是通用語，只要學會這三種語言，你的網頁紙飛機就可以四處飛翔，傳遍天下，在各種瀏覽器上運行無阻。

／馬上動手做／

如何透過線上的互動教程 (tutorial) 學習 HTML、CSS 和 JavaScript 呢？其實非常容易。

網路上最好找的程式教程，正好就是用來寫網頁的語言。當你輸入關鍵字 HTML、CSS 或 JavaScript 去搜尋，隨便都可以找出一堆有關這三種語言的資訊；而且由於這三者之間的互動緊密，只要搜尋其中一種，其他兩者往往也會伴隨著出現。

問題是，對於沒學過程式的人來說，短時間要分析、消化一堆深淺不一的閱讀資料，恐怕不是一件容易的事。因此，本章並不是要教你「所有」的 HTML、CSS 和 JavaScript 語法，那太多了，分成三本書也未必講得完。

我們現在要做的是，讓你了解它們三者的基礎結構，練習一些簡單易學的範例。至於比較複雜的語法，你可以想想自己希望達成怎麼樣的效果，用它當關鍵字，就可在網路上找到相關的說明與範例。

不要想等學完全部的語言之後，才開始寫程式、做東西。你只要會一點點語法，就可以開始嘗試做點東西了。建議先從簡單的做起，再循序漸進地往較複雜的方向著手。

會這樣說是因為：一旦你開始做，就會有一些想法衍生出來。每當遇到一件想做但不會做的事，你就會主動去查清楚作法；或者不斷的試驗、尋求答案。經由一次次這樣的學習過程，累積相關知識，你會的東西自然就會越來越多。

／線上開發環境／

高處風強。風的開發環境，就從高高的網路雲端開始吧。

現在推薦一個網頁前端設計的簡單開發環境 JS Bin，因為它很簡單，也可以直接

把作品用網址分享給別人，所以適合初學者練習用。網址是：https://jsbin.com/。

其他類似的平台，如 JSFiddle、Plunker、CodePen 等等，都各有特色，可以自行前往試試。本書的範例暫時假定你是使用 JS Bin 平台。

Hello World!

第一陣風,讓我們跟世界打招呼。

請在 JS Bin 點選 File 中的 New 選單,可以建立一個新項目,然後在左邊的 HTML 欄位試著更改這兩個地方,先觀察一下輸出欄 (Output) 和瀏覽器,看看整個畫面有什麼變化:

1 從 <body> 到 </body> 之間,是網頁要呈現的主要內容,輸入「Hello World!」,就成了:

```
<body>
    Hello World!
</body>
```

2 從 <title> 到 </title>,可以在此顯示網頁的標題,輸入 Hello,就成了:

```
<title>Hello</title>
```

完成了嗎?恭喜你,有了第一個「Hello World!」小作品了!

超連結

接下來，我們可以進階學習風系法術的聯絡節點：超連結。

如果你想要和世界上其他地方溝通，可以試著在網頁中架設「超連結」（hyper-reference）開始。請見以下的範例：

請從 <body> 到 </body>，輸入：

```
<body>
    <a href = "http://www.w3schools.com/" target="_blank">Hello World!</a>
</body>
```

現在就來分別說明一下：

「<a>...</a>」是為了方便讀者連結他處或從他處連結過來，所建立的「錨點」（anchor），加上「href」（超連結 hyper-reference 的縮寫）的屬性設定，就成了一個超連結。

超連結讓網頁之間彼此連絡，這是網際網路和一本書最大的不同，每個網頁都可以用超連結連到別的網頁，也可以讓別人連過來。網路上到處都是超連結，做超連結可以說是網頁設計的必備知識。

「href = "http://www.w3schools.com/"」是代表將超連結的網址設定為 http://www.w3schools.com/ ，點此連結，就會連到該網址。

「target="_blank"」則是設定它被點擊時，會開啟另一個視窗。

「 Hello World!」已經變成一個具有超連結功能的錨點了。點點看吧。

錨點除了連到別的網頁，也可以把它連到 e-mail，怎麼做呢？你可以把設定的超連結網址改成 e-mail 網址，像這樣：

`<a href="mailto:test@example.org">Email</a>`

我們也可以連到電話：

`<a href="tel:09xxoooxxx"> 撥打 09xx-ooo-xxx</a>`

就像這樣，用手機瀏覽時，就可以點擊超連結，按一個鍵就能撥打電話。這樣看來，架設超連結一點都不難，對吧？

改作：
製作三個超連結，顯示出你想要讀者瀏覽的三個網頁名稱，讓讀者點擊連結，就可以分別連上它們的網址。

特殊符號

風的旋動力強大，有時不留心就會造成破壞，導致施法失敗，因此有些要避開或留意的地方。這裡我們要學的是標記這些地方用的特殊符號。

在 HTML 語言中，超過一個以上的空白與斷行，就會被忽略，無法顯示出來。所以為了讓編寫程式方便，如果要在內文中輸入多個空白或斷行，就要打上特殊符號。例如，這代表了四個空白符號：

這個，則是一個斷行符號：

同樣的，因為「<」（小於符號）和「>」（大於符號）本身即是 HTML 編碼的一部分，直接打上去的話，在內文中不僅無法顯示，還可能導致錯誤。因此要輸入「<」和「>」也是靠特殊符號表示法，例如想顯示「< 文字 >」就要輸入這樣的表示符號：

< 文字 >

如果想要知道更多的特殊符號表示法，請參見網頁：http://www.w3schools.com/html/html_symbols.asp。

文件物件模型（DOM）

旋風越大越大，開始成形了。我們來分析一下網頁的模型吧！

一開始看到 \<body\> 後面跟著 \</body\>，\<a\> 後面跟著 \</a\>，可能會覺得奇怪。其實它是一個「包住」的概念，就像左括號和右括號會成對出現，中間包住的部分就是它的內容。

在 HTML 語言中，我們寫下許多這類被 \< \> 包起來的標記，對瀏覽器而言，會將它們解讀成一個有層次的樹狀結構，我們稱之為「文件物件模型」（Document Object Model, DOM），是一個網頁設計的基本架構。

DOM 是一個樹狀圖結構，所以又稱為 DOM Tree。它並不是一棵活生生的樹，但是往往也有許多分叉再分叉，像樹一樣枝葉茂盛。每個 HTML 程式，都會創造出一個 DOM Tree 結構，CSS 和 JavaScript 常會運用這個結構來設定樣式和功能，所以我們在寫 HTML 的時候，對自己創建出來的標記，會形成什麼樣的 DOM Tree，要有一定程度的認知。

以下面這個例子為例：

```html
<html>
  <head>
    <meta charset="utf-8">
    <meta name="viewport" content="width=device-width, initial-scale=1.0">
    <title>Hello</title>
  </head>
  <body>
    <a href = "http://www.w3schools.com/" target="_blank">Hello World!</a>
```

```
    </body>
</html>
```

它的最上層是整份文件（document）。整份文件不需要標記，它就是存在。HTML 上有標記的元素，都在 document 裡面。初學者往往會因為它不在標記中，就忽略它的存在，但是之後在寫 JavaScript 時，我們會時常用到 document 這個最上層的物件。

有明確標記出來的物件中，最高層級是 <html> 物件。由最上面的 <html> 和最下面的 </html>，包住所有其他的元素。

直接包在 <html> 和 </html> 裡面的，有 <head> 和 <body> 兩個大區塊。

<head> 與 </head> 中間包住的，是網頁的頭部，通常用來放標題、設定、樣式資源等不是內文的東西。本例中，它的內部有兩個 <meta>（設定）和一個 <title>（標題），<title> 裡頭有內文（text）。

<body> 與 </body> 中間包住的，是網頁的身部，通常是放所有會顯示出來的內文、版型與各個元素。以本例來說，它的內部有一個 <a>（錨點物件），<a> 的內部還有內文（text）。

像「Hello」、「Hello World!」這些字，屬於內文（text），是樹狀結構的末梢。

你覺得頭昏了嗎？其實，這樣「誰底下有誰」的說明方法，一點也不好懂，還不如畫成一張樹狀圖：

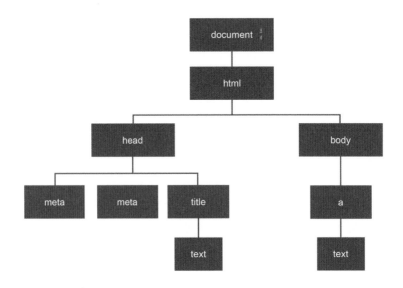

看了這張層級圖之後，誰在誰的內部，不就一目了然了嗎？

改作：
寫一個不一樣的 HTML，並試著畫出它的 DOM Tree。

改變字體的大小、
顏色和位置

介紹完 HTML 的基本結構，現在可以搭配美化網頁用的 CSS，讓風有色彩了。

了解了基本的 DOM 結構後，我們就能學習如何使用美化網頁樣式的「層疊樣式表」
（Cascading Style Sheets, CSS）。它的語法是透過一連串的「選擇」和「設定」，來
改變網頁上物件的位置、顏色、邊框⋯⋯等等外觀樣式。

在 JS Bin 介面，可點選上方的「CSS」按鈕，來開啟／關閉 CSS 的設定。

現在請先開啟 CSS，然後從沿用前面的 Hello World! 例子中，在 CSS 欄位上加入
以下程式碼：

```css
body {                    /* 我們是註解不必照抄 */
    font-size: 26px;    /* 字體大小設成 26 畫素  */
    color: red;           /* 文字設成紅色  */
    text-align: center; /* 置中對齊  */
}
```

本例中，CSS 碼開頭的「body」是一個「選擇」的動作，代表後面的描述，會作用在 HTML 裡整個 <body> 以及它內部的所有元素上。除非另外再給內部其他元素不同的 CSS 設定，否則它們會繼承 DOM 上層元素的樣式。

如果上層設定的文字顏色是紅色，底下也就都是紅色；上層設定的文字顏色是綠色，底下也就都是綠色，可謂「上行下效」。

是否所有的樣式都會自動繼承給子元素呢？其實也不是，只有一部分會繼承。通常在實作中就能慢慢找到它的規律；你也可以直接輸入「CSS 繼承 哪些」去查詢，就會找到比較完整的說明。

CSS 的選擇器

怎麼選取風的片段、為風上色呢？

CSS 是一種宣告式語言，以描述而非指令的方式表達。它的語法格律，大都是「選擇 + 設定」的兩段式結構：

選擇：選取某個或某一些的 HTML 物件。
設定：針對所選元素的一些樣式，做出描述。

例如：
```
a, button {
  cursor: pointer;
}
```

「a, button」是選擇所有的 <a> 元素與 <button> 元素。
「cursor」是游標樣式。
「pointer」是一根手指頭，代表可以點擊此處。

這整段就是說：選取所有文件中的錨點和按鈕，讓游標滑上去時變成「指頭」小圖示。這是很常用的宣告，因為讓使用者知道哪裡能按是一件很重要的事。

接下來的範例也是「Hello World!」練習的改作，只是多放了 <button> 標記。

我們先看看加上本篇裡的 CSS 敘述之前，游標怎麼顯示的。

再來試試看，用 CSS 選擇錨點和按鈕，讓游標滑上去時變成「指頭」的小圖示。你成功了嗎？

身分和類別

接著，我們來學習如何在風中為物件定位，按照身分與類別分類擺好，這樣施展法術時就能更精準。

當我們要修改網頁樣式時，通常是想局部細修，一次只改其中幾個地方，甚至只改特定一個元素的樣式。但如果我們只會網頁結構這樣的分類方式，很容易改了一句話就動到整個網頁的樣式。

這種時候，運用身分 (id) 和類別 (class) 來選擇的技巧，就派上用場了。身分和類別都是外加給 HTML 元素的屬性，用來命名，也方便讓元素被 CSS 或 JavaScript 專門選取。id 和 class 的不同，在於每個物件只能有一個 id，但可以同時擁有好幾個 class，以空白鍵隔開。比如虎鯨 (id) 這種動物，牠屬於海洋動物類 (class)，也屬於哺乳動物類 (class)。

雖然沒有規定，但是我們在寫網頁的時候，同一個 id，通常也只會設定給一個物件，id 常常用來當作獨一無二的名字。但是，一個 class 可以設定給好幾個物件，就像筆 (id)、尺 (id) 和橡皮擦 (id) 都屬於文具類 (class)。

以下這個例子，由兩個清單，也就是 <ul> 和 <li> 的組合，作為我們的基礎。

在 HTML 的 <body> 欄中，我們先設定各物件的身分和類別：

```
<ul id = "main">                    <!-- 我是 html 註解 -->
   <li class = "under red"> 測 </li> <!-- 這元素有兩個類別 -->
   <li class = "under"> 試 </li> <!-- 我是
跨行的 html 註解 -->
   <li class = "green"> 一 </li>
```

```
    <li class = "under blue"> 下 </li>  <!-- 這元素有兩個類別 -->
</ul>


<ul>
    <li> 好 </li>    <!-- 左方元素沒有類別 -->
    <li id = "wow" class = "blue"> 嗎 </li>
</ul>
```

CSS 的部分，可以針對 id 或者 class 來設計樣式，選 id 時是以「#」開頭，選 class 時是以「.」開頭：

```
#main { border-left: 3px solid black; font-size: 22px }
#wow { font-size: 300% }
.red { color: red } /* 給 red 類別的元素紅色的字 */
.green { color: green } /* 給 green 類別的元素綠色的字 */
.blue { color: blue } /* 給 blue 類別的元素藍色的字 */
.under { text-decoration: underline } /* 給 under 類別的元素底線 */
```

File ▾　Add library　Share　　　HTML　CSS　JavaScript　Console　Output　　　Login or Register　Blog　Help

```
HTML ▾
<!DOCTYPE html>
<html>
<head>
  <meta charset="utf-8">
  <meta name="viewport" content="width=device-width">
  <title>JS Bin</title>
</head>
<body>
<ul id = "main">
  <li class = "under red">測</li>        <!-- 我是html註解 -->
  <li class = "under">試</li> <!-- 我是
跨行的html註解 -->
  <li class = "green">一</li>
  <li class = "under blue">下</li>    <!-- 這元素有兩個類別 -->
</ul>

<ul>
  <li>好</li>        <!-- 左方元素沒有類別 -->
  <li id = "wow" class = "blue">嗎</li>
</ul>
</body>
</html>
```

```
CSS ▾
#main { border-left: 3px solid black; font-size: 22px }
#wow { font-size: 300% }
.red { color: red } /* 給red類別的元素紅色的字 */
.green { color: green } /* 給green類別的元素綠色的字 */
.blue { color: blue } /* 給blue類別的元素藍色的字 */
.under {text-decoration: underline } /* 給under類別的元素底線 */
```

寫上以上的 CSS 碼後，觀察看看 Output 欄，它們起了什麼作用呢？

File ▾　Add library　Share　**HTML**　**CSS**　JavaScript　Console　Output　Login or Register　Blog　Help

Output　　　　　　　　　　　　　　　　　Run with JS　Auto-run JS　↗

- 測
- 試
- 一
- 下

  - 好
- 嗎

改作：

以上範例只是為了說明身分和類別，外型其實沒有多好看，你可以試著修改 CSS，把它們再美化一番。

用數字編織顏色

風的色彩，是用什麼咒文織成的呢？

美化網頁時，配色是少不了的。無論是要簡明清爽、或是鮮明繽紛，在配色上都有可以下工夫之處。

首先，我們要先知道如何用 CSS 的色碼，設定顏色。

在 CSS 語言中，除了 red、green、black 這些名目可以設定顏色之外，要更精確的表示顏色，還有許多方法。常用的方法如下：

1 三碼十六進位顏色：以「#」開頭，後面三碼分別是紅光、藍光、綠光的強度，用三原光來混搭出各種顏色。例如「#fff」是白色，「#f00」是紅色，「#f7c」是一種粉紫色。

2 六碼十六進位顏色：以「#」開頭，後面六碼中，前二碼是紅、中間二碼是藍、後二碼是綠。例如「#ffffff」是白色，「#ff0000」是紅色，「#ffc9c9」是某種粉紅色，「#ff8c20」是某種淺橘色。

以下是「十進位到兩碼十六進位」的數字轉換表，注意到十六進位中，每逢十六才進一次位，所以十進位中的 15 會轉換成 f，而十進位中的 16 會轉換成 10：

0 → 00	5 → 05	10 → 0a
1 → 01	6 → 06	11 → 0b
2 → 02	7 → 07	12 → 0c
3 → 03	8 → 08	13 → 0d
4 → 04	9 → 09	14 → 0e

15 → 0f	18 → 12	255 → ff
16 → 10	……	
17 → 11	254 → fe	

3 三原光與不透明度：除了十六進位的表示，我們還可以用rgba，也就是「紅、綠、藍、不透明度」來調出顏色。例如 rgba (255,0,0,1) 是紅色， rgba(255,200,200,1) 是某種粉紅色，rgba(255,0,0,0.8) 是有一點半透明的紅色。

以上三種方法是比較基本的作法，你可以先拿我們練習設定身分和類別的範例來改造，將 { color: red } 裡的 red 用紅色的色碼取代，再隨意修改數字、代碼表示方式，看看會調出什麼顏色來。當然，你也可以自己寫一些別的句子，用不同的文字和顏色搭配試試。

如果想確認各個色碼怎麼和顏色對應，也可以上網搜尋「css 色碼」，就能找到很清楚的對應表了。

另外還有一種作法是利用色相、飽和度、亮度與不透明度（HSLA）來建構顏色，這是比較精細的調整方式。詳細的 HSLA 解說需要相當的篇幅與圖解，有興趣的話，可以上網輸入「css hsla」查詢，即可找到有圖、有文字的詳細說明。

利用假文排版

一串風信，看起來像胡言亂語，在一時無話可說時，卻是練習的好幫手。

接下來，讓我們看看所謂的假文吧！

假文是什麼？它有什麼作用呢？

我們在設計網頁時，為了省下書寫內容的力氣，把精神專注在排版和樣式的設計上，往往會用一些沒有語義的文字來當填充物，這就是所謂的「假文」。

現在就來做假文練習吧！

1 先進入 JS Bin，開啟一個新作品，在 <body> 和 </body> 中間輸入：

```
<div id = "main">
</div>
```

2 使用拉丁字母的假文產生器，製作五段假文：

西方印刷、設計業最早的假文開頭是「Lorem ipsum」，以這個詞去搜尋就能找到不少假文產生器，我們可隨意挑選一個使用，例如這一個：http://www.lipsum.com/。

網站首頁介紹文字的右下方有個按鈕「Generate Lorem Ipsum」，旁邊有選單可以設定假文的數量和格式。將假文數量設定為 5 paragraphs，點下「Generate Lorem Ipsum」，就能得到五段假文。

3 把它們貼到 JS Bin 裡的 html 欄位，放在 <div id = "main"> 和 </div> 的中間。

4 在每段假文最前面補上 <p>，最後面補上 </p>

最後的 body 部分，就會像是：

```
<body>
    <div id = "main">
        <p>
            Lorem ipsum dolor sit amet, consectetur adipiscing elit...
        </p>
        <p>
            Etiam velit odio, viverra vitae velit ac, interdum egestas justo...
        </p>
        <p>
            Aenean lacus risus, auctor nec convallis id, pharetra sed elit...
        </p>
        <p>
            Etiam vel risus ut diam iaculis dapibus at id felis...
        </p>
        <p>
            Nulla blandit congue sem, eu bibendum sapien mollis maximus...
        </p>
    </div>
</body>
```

因為五段假文很長，沒辦法全列出來，我們先用「...」代表，你可以在截圖裡看到比較完整的樣子。

接著就可以來改樣式了！

現在你可以隨意更改上面五段假文的樣式。我們先把能夠讓人「看得清楚」，當作目標。

試著在 CSS 部分，加入：

```
p {
  font-size: 16px;  /* 設字級為 16 畫素 */
  line-height: 160%; /* 設行高為字級的 160% */
}
```

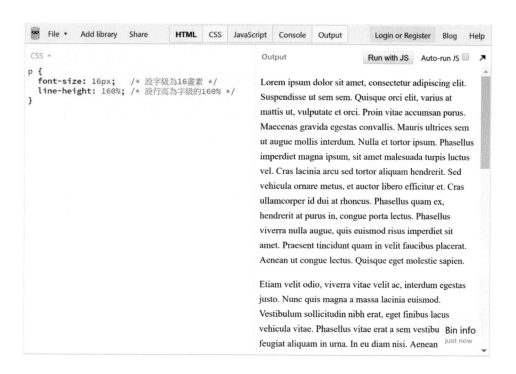

意思是，只要是本頁使用的段落（p, parapraph 的縮寫），就套用這個字級和行高。這樣先把字體放大、行距拉高後，是不是比較方便閱讀呢？不妨再去改改上面的數字，調整到你自己滿意為止。

接著改改看顏色和底色，例如在 p 的框框中加入這兩行：

```
color: green;        /* 文字顏色 */
background-color: #cf9;  /* 底色 */
```

上面的顏色是隨意選的，你大可改成自己喜歡的顏色，多改幾次看看顯示的效果，直到自己滿意為止。

還可以讓首字放大，這就要增加一個新的框框，例如：

```
p::first-letter {          /* 每段首字 */
  font-size: 200%;
}
```

這麼一改，每段的首字就被放大強調出來了。

再來看看留白。人生往往需要留白，才不會太擠、太滿。網頁設計也是一樣，有留白才不會讓框框與文字擠在一起。

網頁設計上，留白還可細分為外部留白（margin）和內部留白（padding）。你可以參考以下的圖示。

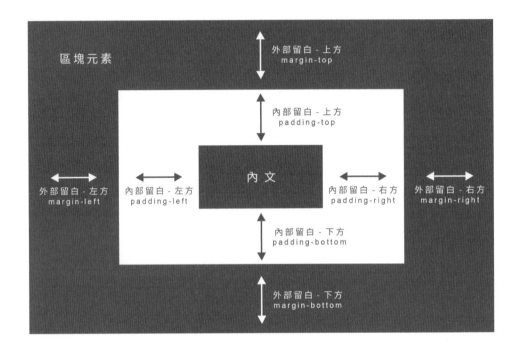

為求精確，設計師通常會將上下左右的留白分開來寫，如 margin-left、margin-top 等等。你也可以只寫 margin，這樣系統就會將上下左右的留白，都設成一樣的寬度。

本例中，請先在 p 的框框中加入：

```
margin: 15px; /* 所有外部留白均設為 15 畫素 */
```

這行程式碼調寬了外部留白，是不是清爽一些了？

接著在同一個 p 框框中加入：

padding: 5px; /* 所有內部留白均設為 5 畫素 */

這樣寫又會有什麼差異呢？

因為有了底色，兩者的效果就會明顯不同。請把 margin 和 padding 的數字調大調小試試看，再改為只設單方向的留白，觀察一下不一樣的效果吧！

若要改字體的話，CSS 是用「font-family」來操作。

打上以下程式碼試試：

```
p {
    font-family: cursive, georgia, impact, times; /* 瀏覽器會從左到右，看哪個字體
是電腦能顯示的，就採用它，不然就再往右找 */
}
```

字體改變了吧！

如何查詢各種網頁上可用的字體呢？英文字體可以用「typetester」來做實驗，
請參見網址：https://www.typetester.org/。中文字體可輸入關鍵字「中文 font-
family」查到一些好用的例子。

> 改作：
> 來試排五段中文假文！輸入「中文 假
> 文」關鍵字，即可查到中文假文產生
> 器。接下來就比照上面的方式加入
> <p> </p>，嘗試更改它的樣式，以便
> 於閱讀為目標。

立體效果

風系法師也會幻影術嗎？其實利用冷熱空氣密度不同，製造出海市蜃樓的幻影，也是他們的拿手絕活呢。

使用 CSS 語言，可以靠框線（border）、z 座標（z-index）、陰影（shadow）、變形（transform）、漸層（gradient）等等的設定，來達到立體效果。

這部分網上有很多範例，這裡就只附一個簡單的範例：

要做出這樣的立體效果，我們可以先用 HTML 訂出區塊和標題，再用 CSS 調整字體大小、顏色、各個邊界的陰影效果等等。你可以參考下面的程式碼：

HTML：

```
<body>
  <div>
    <h1> 立體效果 </h1>
    <h4> 你也可以辦得到 </h4>
  </div>
```

```
</body>
```

CSS：

```css
div {
  height: 150px;
  width: 80%;
  position: relative;
  top:100px;
  left: 10%;
  text-align: center;
  border: 1px solid gray;
  -webkit-box-shadow: 10px 10px 52px 0px rgba(143,140,143,1);
  -moz-box-shadow: 10px 10px 52px 0px rgba(143,140,143,1);
  box-shadow: 10px 10px 52px 0px rgba(143,140,143,1);
}
h4 {
  color: gray;
}
```

我們先不說明上面程式碼是什麼意思，一開始看不太懂也沒關係，你可以慢慢查出它們的意思，或是改動 CSS 和 HTML 欄位裡的數字、色碼等等，觀察會出現什麼變化——你看出來每一行程式碼的功用了嗎？

你還可以使用線上的產生器，用圖形介面來設計你想要的陰影效果，再由產生器負責生出對應的 CSS 程式碼。例如這個：http://www.cssmatic.com/box-shadow。

其他效果，可以輸入諸如「CSS 邊框」或「CSS 變形」或「CSS 漸層」等關鍵字，查到更多你想要的範例與解說。

改作：
試著找上述效果當中的一個，查到範例程式碼，先複製，貼到一個新的 JS Bin專案後，隨意修改其中的各個部分。

從別人的網頁學習

風聲呼呼，仔細的聽，就可以聽出門道。

有一種找靈感的方式，就是在看網頁時，開啟「開發者模式」，你就可以看到網頁上不同區塊的原始碼。一般常用的瀏覽器都有開發者模式，只是放在不同的選單、標籤底下，你不妨開開看：

● Chrome 是放在「更多工具 > 開發人員工具」裡面，或者直接按「F12」。
● Firefox 是放在「開發者 > 網頁工具箱」裡面。
● Safari 是先選「偏好設定 > 進階 > 顯示開發選單」，出現開發選單之後，點選「開發 > 顯示網頁檢閱器」。
● IE 是按「F12」。
● Opera 是先選「更多工具 > 顯示研發工具選單」，再打開選單一次，選「開發者 > 開發者工具」。

這些設定可能因為瀏覽器版本而有所不同，找不到的話可以上網搜尋，用「瀏覽器名稱 開發者模式」當關鍵字。

開發者模式中，有一種叫作「檢閱器」（inspector）的工具。檢閱器可以讓你點選螢幕上看到的特定內容，它就會標示出這個部件背後的 HTML 和 CSS 碼是怎麼寫的。開啟檢閱器的方式在不同瀏覽器上都不一樣，選項名稱可能顯示為「檢視」、「選取元素」、「挑選頁面中的元素」，或是英文的「Select an element in the page to inspect it」。

因此，每當你看到有趣的網頁，好奇它到底是怎麼做的，試著開啟開發者模式去看它的程式碼，或許就可以從中學習到一些有意思的新招喔！

自適應設計

接下來，我們來看看風的可伸縮性吧。

在風系法術簡介裡的這張圖，我們就能看見裝置連結網路的多元樣貌。

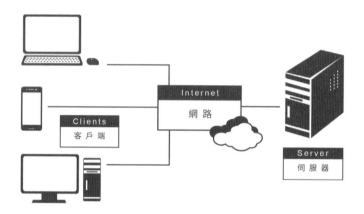

使用者可能會透過不同的裝置連上你設計的網站。隨著硬體裝置的發明與網頁技術的精進，需求也越來越多變。

網頁和菜單、報紙雜誌的不同就在這裡，紙張的寬度是固定的，而桌上型電腦、筆記型電腦、手機、平板電腦等等，它們的螢幕寬窄不一，控制方法也不盡相同，有的是用觸控，有的是用滑鼠。當我們在設計網頁時，要如何考量到這些不同的裝置、不同的使用者呢？如果網頁能在不同的情況下，顯示出不同的樣子，不是很好嗎？

這樣的思考和設計取向，就稱為自適應網頁設計（Responsive Web Design, RWD），

又稱為響應式設計。

具體來說,最明顯的差異就是螢幕寬度。

手機螢幕是長型的,寬度較窄。橫放也不如電腦螢幕寬,有些手機瀏覽器也不支援橫放功能。為求使用者的良好經驗,設計師考量的範圍會從手機直放時的窄螢幕,一直到大電腦的寬螢幕。

其實你不必擔心寬度很小就放不下東西,畢竟網頁的長度是無限的,不管排得多長,使用者都可以用捲軸上下捲動來瀏覽。

當寬度有限時,橫排就不如直排。如果網頁橫著排了太多東西,又有側欄,又是框框,又沒有做隱藏、彈出等收納,結果就是會超出螢幕範圍,無法完整顯示內容,或是被自動縮小而變得不利閱讀。

因此,我們可以做一些設計,防止自動縮小,並且使窄螢幕顯示出和寬螢幕不同的結果。

比方說,當螢幕寬度很小時,一排兩個區塊可能太擠,一排一個就比較好讀。本例示範如何讓網頁在寬螢幕上以兩個區塊一排的方式呈現,在窄螢幕上變成一個區塊一排。

在測試網頁的自適應程度時,有一個只需要用一般的瀏覽器就可以操作的簡單方法:只要把瀏覽器的頁框拖得比較窄、比較短,看看網頁呈現的樣子是否合宜就行了。

技術上,要兩個一排時,若把每塊寬度正好設到瀏覽器寬度的 50%,兩個就是 100%,多一點點就會出問題。因此,我們得移除所有會使排版過寬的因素才不會過寬。要藏住框框之間的空白,還要把框線視為框框的內部(CSS 3 預設框線都算外部,會造成過寬)。

現在就可以來試試,請在 JS Bin 上寫出以下的程式碼:

HTML：

```
<head>
  <meta name="viewport" content="width=device-width, initial-scale=1.0">
  <!一防止自動縮小 一>
</head>
<body>
  <div> 內文 </div>
  <div> 內文 </div>
  <div> 內文 </div>
  <div class="fat-only"> 只在寬螢幕顯示的內文 </div>
</body>
```

CSS：

```
body{
  font-size: 0; /* 把區塊間的空白藏住 */
}


div {
  display: inline-block;
  font-size: 16px; /* 恢復字體大小為 16 畫素 */
  width: 50%;
  min-height: 150px;
  box-sizing: border-box; /* 將框線視為內部以防寬度過寬 */
  border: 3px solid black;
}


@media screen and (max-width:480px) { /* 媒體為最大寬度 480px 的螢幕時 */
    div {
```

```css
    width: 100%;
  }
  .fat-only {
    display: none;
  }
}
```

由 @media 開頭的 CSS 語法，稱為 media query，它會讓系統依照瀏覽媒體的特徵，來判斷是否執行某部分的 CSS 程式碼。本例中，條件是「寬度不大於 480 畫素的螢幕」，即 screen and (max-width:480px)。只有在螢幕寬度不大於 480 畫素時，裡面的 CSS 宣告才會生效。

按照我們寫的程式碼，HTML 裡分好的四個區塊在不同寬度的螢幕上會有不同的排列方式，區塊寬度會隨畫面大小調整成瀏覽器的 50% 或 100%。下圖是寬螢幕時的顯示方式。

拉動 Output 欄位調整顯示欄大小，就可以預覽這些區塊在不同螢幕寬度時顯現
的樣子。拉拉看，窄螢幕時各區塊有什麼變化呢？

```
CSS ▾
body{
  font-size: 0; /* 把區塊間的空白藏住 */
}

div {
  display: inline-block;
  font-size: 16px; /* 恢復字體大小為16畫素 */
  width: 50%;
  min-height: 150px;
  box-sizing: border-box; /* 將框線視為內部以防寬度… */
  border: 3px solid black;
}

@media screen and (max-width:480px) { /* 媒體為最… */
  div {
    width: 100%;
  }
  .fat-only {
    display: none;
  }
}
```

Output 367px [Run with JS] Auto-run JS ☑ ↗

內文

內文

內文

Bin info
just now

改作：

試著讓一段文字，在較寬的螢幕上，字體較大；在窄的螢幕上字體較小。

161

友善列印

風的信息，也可以實體化喔。

自適應不只是針對螢幕的寬度，還可以依據不同媒體來做不同的呈現。

例如，有些網頁有「友善列印」的功能，讓讀者可以把網頁的內容印下來，對於要把資訊捲起來帶著走的讀者來說，能列印下來當然很方便。

試著來做一個簡單的友善列印按鈕吧！

HTML 的 <body> 內這樣寫：

```
<body>
    <button class = "noPrint" onclick = "window.print()"> 友善列印 </button>
</body>
```

CSS：

```
@media print { /* 媒體為印表機時 */
    .noPrint { /* 類別為 noPrint 的東西 */
        visibility: hidden; /* 不顯示 */
    }
}
```

```
HTML ▾
<!DOCTYPE html>
<html>
<head>
  <meta charset="utf-8">
  <meta name="viewport" content="width=device-width">
  <title>JS Bin</title>
</head>
<body>
  <button class = "noPrint" onclick = "window.print()">友善列印</button>
</body>
</html>
```

```
CSS ▾
@media print { /* 媒體為印表機時 */
  .noPrint { /* 類別為noPrint的東西 */
    visibility: hidden; /* 不顯示 */
  }
}
```

範例中的 CSS 碼，是設定在列印的時候，類別為 noPrint 的東西都不會印出來。像「友善列印」按鈕本身，沒必要印出；還有其他不想印出來的，都可以給它加上 noPrint 類別，即可在列印時隱藏起來不印出。

下圖的 Output 欄是這個按鈕在視窗中顯示的樣子。

```
CSS ▾                                    Output         Run with JS   Auto-run JS ☑  ↗
@media print { /* 媒體為印表機時 */       友善列印
  .noPrint { /* 類別為noPrint的東西 */
    visibility: hidden; /* 不顯示 */
  }
}
```

在視窗上瀏覽時還看得見按鈕，不過，點選列印後就可以看見，預覽列印畫面中「友善列印」的按鈕隱藏了，不會被印出來。

改作：

試著修改範例，反過來創建一個名為 printOnly 的類別，再創建一段文字「友善助印，歡迎分享」，讓它在平常看網頁時不會顯示，只有在列印時會印出來。

事件與 JavaScript

HTML+CSS 介紹到一個段落，我們進入風系法術中掌管功能的 JavaScript。

JavaScript 是一種可以直接寫入 HTML 網頁的指令式語言，當它在網頁用戶端執行時，瀏覽器就是它的執行環境。它也可以在別的地方，比方說伺服器端執行，不過本書介紹的均是嵌在 HTML 上，送到用戶端執行的 JavaScript 功能。

一般的 HTML+CSS 能做出長得漂漂亮亮的網頁，而 JavaScript 則可以為網頁添加觸發事件和與使用者互動的功能，也能將大筆的資料從網路上抓下來，呈現在頁面上。

這裡說的「功能」是指什麼呢？舉例來說，前面我們在友善列印的部分，看過這樣的寫法：

```
<button class = "noPrint" onclick = "window.print()"> 友善列印 </button>
```

其中「onclick」就是「當它被點擊時」的意思。有沒有覺得和拼積木的 Scratch 非常像呢？

這就是一種設定「事件」和「事件觸發的結果」的作法。簡單來說，有事件，就會有相應的事件處理器，也就是當使用者觸發事件（本例中是按下按鈕）時，系統會執行的一個函式。

一般的事件設定是寫在 HTML 裡的，可使用點擊、滑鼠、觸控、打字等等來觸發事件的執行，輸入關鍵字「HTML 事件」就能查到很多。不過一開始用不到這麼多，先用「當使用者點擊本元素時……」（onclick）當練習也很好。

onclick 還有一個好處，無論是使用滑鼠還是觸控，都可以點擊（click）。也就是說，

只要是以 onclick 觸發的事件，在哪裡都能運作。

不過像是 onclick 一類的事件較為簡單，如果要寫較複雜、程式碼較長的功能，就要在 JavaScript 上處理才比較方便。

如何用 JavaScript 函式設定事件呢？請耐心往下看。

JavaScript 函式

學會用 JavaScript 製造風，可以和使用者溝通的事件變多了！

事件被觸發後，接下來要做什麼呢？通常就是執行一個事件處理器，也就是一個 JavaScript 函式。例如：

HTML：

```html
<body>
    <button id = "main" onclick = "test()"> 測試 </button>
</body>
```

JavaScript：

```javascript
function test(){
    document.getElementById("main").innerHTML = "Hello, World!"
}
```

本例中設定的按鈕，原來長得像以下畫面中的樣子，顯示為「測試」，但只要使用者按下按鈕，函式「test」就會被觸發，開始執行內部的程式碼。

它會依照「身分為 "main"」的條件，找到一個 HTML 物件，在本例中這個物件就是我們唯一的按鈕。接著，它會把這個物件的 innerHTML（內部的所有 HTML 程式碼）改成「Hello, World!」（要是你在 JS Bin 上無法順利操作，請點擊 Output 欄的「Run with JS」）。

我們也可以利用 <script> 標記，將 JavaScript 嵌入 HTML 中，就像下圖這樣。不過，為了讓大家清楚區分出 JavaScript 的功能，我們在 JS Bin 上先分開操作。

當然，我們不只可以更改元素的內文，也可以更改它們的屬性（attribute）。例如，

一張圖會是什麼樣子，這是由圖片本身的「來源位置」，也就是 src 屬性決定的。

我們可以先放一個已經公開授權、可以任意使用的圖，在上面加註身分、設定點擊會觸發的事件名，例如，在 HTML 的 <body> 標記下寫：

```
<img id = "test" src = "http://i.imgur.com/rPCYQls.png" onclick = "change()" />
```

再於 JavaScript 上寫：

```
function change(){
  document.getElementById("test").setAttribute("src", "http://i.imgur.com/
SuLzJZ3.png");
}
```

這樣做的結果就是，當使用者點擊這張圖時，它就會變成另一張圖。

原本放的圖是長這樣：　　　　　　　　使用者點擊後變成了這個圖：

自己動手做做看吧！

改作：

試寫一個使用者可以連續點擊，在兩張圖之間持續切換的功能。想想怎麼為兩張圖做身分、類別設定，也要想一下怎麼用 JavaScript 語言敘述切換圖片的條件。

呈現資料

接下來，我們來看一個很酷的招式：自動旋風。

這是一個「自動生成」內容的例子。前面介紹的 HTML+CSS 排版與內容放置，都是要自己手動把內文一段一段打上去。如果內文很多呢？這樣打不是煩死了嗎？

例如現在流行的社交網站，網頁上可以顯示使用者輸入的對話與貼文，難道是設計師將這些內容逐行逐字重新打進網頁的 HTML 碼裡嗎？當然不可能！

因此，由程式自動生成內容，也是網頁設計必學的技術。我們就以九九乘法表當例子，製作第一個自動生成的網頁吧！

九九乘法表大家都背過，是個不錯的例子。在網頁上創建九九乘法表時，如果要一個一個輸入 HTML 標記，會有多麻煩呢？前後算一算，我們需要輸入 9 個 <tr> 標記來標示列，還要有 81 個 <td> 標記來標示各欄裡的數據，夠嚇人吧！

81 個 <td> 標記，實在不適合一個一個輸入，太浪費時間了。我們就用不一樣的工具來處理它，那就是使用 JavaScript 自動生成，就不必打 81 個 <td> 標記了。

現在就來看看這個例子。

HTML 的部分很簡單，只要製作一個空的、有身分（id）的表格，也就是一個空的 <table> 表格元素即可：

```
<body>
  <table id = "output"> </table> <!-- 身分可以隨便取，不一定要叫 output，但後
面也要跟著改 -->
</body>
```

HTML ▾

```html
<!DOCTYPE html>
<html>
<head>
  <meta charset="utf-8">
  <meta name="viewport" content="width=device-width">
  <title>JS Bin</title>
</head>
<body>
  <table id = "output"> </table> <!--身分可以隨便取，不一定要叫output，但後面也要跟著改-->
</body>
</html>
```

複雜的動作都交給 JavaScript 來做：

```javascript
[1,2,3,4,5,6,7,8,9].forEach(function(n){ // 將 1…9 的每個元素，各自存入變數 n 中，
各做一次……
  var r = document.createElement("tr"); // 創建一個橫排
  document.getElementById("output").appendChild(r); // 將它置入身分為 output
的表格。

  // 這裡是迴圈中的迴圈
    [1,2,3,4,5,6,7,8,9].forEach(function(m){ // 將 1…9 的每個元素，各自存入變數
m 中，各做一次……

      var d = document.createElement("td");  // 創建一個格子
      var t = document.createTextNode(n*m);  // 創建一個內容是 n 乘 m 的文字
節點
      d.appendChild(t); // 把文字放入格子中
      r.appendChild(d); // 把格子放入橫排中
  }; // 內迴圈結束
}; // 外迴圈結束
```

以 JavaScript 做好雙迴圈設定後，就能輕鬆建好九九乘法表了。這個雙迴圈結構的內部，會跑 81 次，看起來雖然有點複雜，不過總比打 81 個 <td> 與裡面的乘法數字好多了！

重點是，如果以後你要更改它，比如說，想把九九乘法表改成九九加法表，你就不需要一格一格去改，只要改變生成規則中的一行程式，把 n*m 改成 n+m 就行了，非常省事。

改作：
請修改上面的範例，另外做出一張九九加法表。

取得遠端資料

風系法術的威力，來自即時收發遠距的訊息。

我們來看看如何利用風系法術取得遠端資料。

平常我們在瀏覽器上輸入網址，按 Enter 後，為什麼能夠讀到網頁呢？其實就是
因為瀏覽器替我們發送了一個「取得資料」的請求給遠端的伺服器，由伺服器回
應一份 HTML 檔給我們，我們才看得到。

現在我們也可以寫 JavaScript，要它發送新的「取得資料」請求，而且不一定要拿
HTML 檔，可能是拿別種儲存資料用的檔案，例如 JSON 檔或是 XML、CSV 檔。

取得遠端資料後，我們可以做出比九九乘法表更具威力的東西。

本例中，我們要把「萌典」(https://www.moedict.tw/) 的所有條目索引全部抓下來，
讓我們的網頁變成一個包山包海的字典。

請在 HTML、CSS、JavaScript 分別輸入以下程式碼：

HTML：

```
<body>
    <button onclick = "change()"> 抓字典 </button>
    <ol id = "test"> </ol>
</body>
```

CSS：

```
ol { margin-left:20px } /* 以免標號被藏住 */
li { margin-top: 3px } /* 略為分散一點 */
```

```css
a { text-decoration: none } /* 除掉煩人的底線 */
```

JavaScript：

```javascript
function change(){
  var t = document.getElementById("test");
  t.innerHTML=" 讀取中……"; // 提示使用者要稍等一下

  var url = "https://www.moedict.tw/c/index.json"; // 設定 url 變數所指的網址為
萌典索引
  var xhttp = new XMLHttpRequest(); // 創建一個 Http 請求物件

  xhttp.onreadystatechange = function() {
    if (xhttp.readyState == 4 && xhttp.status == 200) { // 如果抓到資料

      t.innerHTML=""; // 消掉「讀取中……」字樣

      var list = JSON.parse(xhttp.responseText); // 把資料剖析之後存進 list 變數中
      list.forEach(function(s){ // 對串列中的每一筆資料，做…

        var x = document.createElement("li"); // 創建清單中的物品
        var a = document.createElement("a"); // 創建錨點

        a.setAttribute("href", "https://www.moedict.tw/" + s); // 設定超連結
        a.setAttribute("target", "_blank"); // 設定開新分頁

        var txt = document.createTextNode(s); // 內文是這筆資料的內容

        a.appendChild(txt); // 錨點中加入內文
```

```
        x.appendChild(a); // 物品中加入錨點
        t.appendChild(x); // 清單中加入物品

      });
    }
  };

  xhttp.open("GET", url, true); // 向 url 變數所指的網址，準備一個「取得資料」
請求
  xhttp.send(); // 送出請求
}
```

看看結果如何？ 按下按鈕後，請耐心等個十五秒左右。要呈現它們需要一些時間……然後……

File
Add library
Share
HTML
CSS
JavaScript
Console
Output
Login or Register
Blog
Help
JavaScript
Output
Run with JS
Auto-run JS
抓字典
讀取中……
function change(){
var t = document.getElementById("test");
t.innerHTML="讀取中……"; //提示使用者要稍等一下
var url = "https://www.moedict.tw/c/index.json"; //設定url變數所指的網址為萌典索引
var xhttp = new XMLHttpRequest(); // 創建一個Http請求物件
xhttp.onreadystatechange = function() {
if (xhttp.readyState == 4 && xhttp.status == 200) { // 如果抓到資料
t.innerHTML=""; //消掉「讀取中……」字樣
var list = JSON.parse(xhttp.responseText); // 把資料剖析之後存進list變數中
list.forEach(function(s){ // 對串列中的每一筆資料，做...
var x = document.createElement("li"); // 創建清單中的物品
var a = document.createElement("a"); // 創建錨點
a.setAttribute("href", "https://www.moedict.tw/" + s); // 設定超連結
a.setAttribute("target", "_blank"); // 設定開新分頁
var txt = document.createTextNode(s); // 內文是這筆資料的內容
a.appendChild(txt); // 錨點中加入內文
x.appendChild(a); // 物品中加入錨點
t.appendChild(x); // 清單中加入物品
});
}
};
xhttp.open("GET", url, true); // 向url變數所指的網址，準備一個「取得資料」請求
xhttp.send(); // 送出請求
}
Bin info
just now

看哪！是不是整部字典所有的條目索引，共八萬多筆資料，全部都被你載下來了呢？同時，程式還為它們逐一創造了超連結，一按下去就會連到對應的「萌典」條目。八萬多個超連結一次完成！

這完全不是只寫 HTML+CSS 就能辦到的，對吧？

上面的範例很單純，因為抓取的資料是以 JavaScript 物件格式（JSON）儲存，要剖析它很簡單。

如果資料格式不是 JSON，就需要再加入一段剖析程式，先把資料變成 JavaScript 可以操作的物件，例如串列才行。

剖析器的設計，涉及字串比對常用的正規表達式（Regular Expression, Regex），

礙於篇幅，這裡就先略過了。你可以透過搜尋「Regular Expression」，學習正規表達式的意義和用法。

如果你以後遇到需要剖析的資料，也可以輸入它們的副檔名和「javascript parse」去查，例如「csv javascript parse」、「xml javascript parse」等等，即可查到剖析器的寫法。

瀏覽器物件

瀏覽器是觀察風信的裝置，我們可以利用 JavaScript 的咒文來操控它。

先前的單元裡我們介紹了文件物件模型 (DOM)，依照 DOM 的架構用 HTML 寫網頁，呈現出種種不同的文件樣貌。而 JavaScript 不但可以操作 HTML 的物件內容，同時也可以對瀏覽器做事。

和 DOM 一樣，設計者做網頁開發時，也可以多方運用瀏覽器物件模型 (Browser Object Model, BOM)，它也是一個樹狀結構，是由很多物件建構起來的。我們可以利用 JavaScript 語言，對這些物件下指令。

例如，要給自己留下偵錯用的記錄時，就可以在 JavaScript 語言中寫下 console. log。我們可以拿 JavaScript 第一個範例的「測試」按鈕來試看看，例如：

```
function test(){
   document.getElementById("main").innerHTML = "Hello, World!";
   console.log("happy")
}
```

```
File ▾    Add library    Share        HTML   CSS   JavaScript   Console   Output           Login or Register   Blog   Help

JavaScript ▾
function test(){
   document.getElementById("main").innerHTML = "Hello, World!";
   console.log("happy")
}
```

這個程式碼有點像 Haskell 和 Python 的 print。我們留下 console.log("happy") 當記錄，如果程式執行成功，就會在開發者模式的「主控台」(Console) 印出 "happy" 這串字。我們在 JS Bin 上測試時，可以打開 Console 的欄位查看。

使用者平常看不到主控台的記錄，要從瀏覽器進入「開發者模式」，才可以顯示主控台。在這個範例中，他們只會看見原來頁面上的按鈕。因此，你可以放心在主控台留記錄，依此來偵錯、修改程式了。用主控台留記錄的好處就是，一般使用者不會有感覺。你在偵錯、修改程式時，不會影響使用者經驗。

JavaScript 能以其他方法操控 BOM 物件，比如說，你要建立一個多語言網站，想測試 window.navigator.language 這組程式碼能否查詢到瀏覽器的偏好語言。可用這個方法，在主控台測試。

先在 JS Bin 上的 JavaScript 欄位輸入以下程式碼：

```
console.log(navigator.language)
```

打開 JS Bin 上的主控台 Console，按 Run with JS 試試看，如果出現 "zh-TW"，代表預設語言是台灣正體中文。測試就成功了。不過這些結果都會偷偷藏在主控台裡，不會顯示在使用者看到的頁面上。

除了主控台，BOM 還有很多，例如手動轉址時，可使用的「網址」window.
location，像這行可以轉址到維基百科：

```
window.location = "https://www.wikipedia.org/"
```

還有可在 JavaScript 上起到「回上一頁」作用的瀏覽記錄（history），例如：

```
history.back()
```

大部分的 BOM 物件，自動都是元物件視窗（window）底下的子物件。你可以透過
關鍵字「javascript window object」查到各種 BOM 物件，然後自己動手操作玩一玩。

建置你的單機開發環境

接著，我們來看看怎麼自己搭建一個虎虎生風的環境。

如果你想做一個比較正式的計畫，想有個比較漂亮的網址，當然，像 JS Bin 這類的線上開發環境，就不適合了。

你可以把在 JS Bin 上做的初稿，用「file > download」下載到自己的電腦，然後利用單機開發環境進一步設計它。

裝備有哪些呢？剛開始只要有一個能讀程式碼的文字編輯器，和一個可以上傳作品的地方就夠了。

能讀程式碼的文字編輯器有很多，例如 Sublime Text、Atom 等，也可以試試看 Dreamweaver 等集成式開發工具。

如果要把自己的作品上傳，目前 GitHub Pages 的服務使用起來很容易，發展性也高。你可以先到 GitHub (https://github.com/) 註冊一個帳號，手續完成後即可使用。之後進一步查詢「github 網站」，就可找到詳細的中文說明。

自訂計畫

HTML+CSS+JavaScript 能做的事很多，一言難盡。而且，看過、聽過，不如自己動手做過。

怎麼辦呢？你可以給自己出練習題，看是去找範例參考，或者嘗試做一些新點子。自己經歷過的，印象最深刻，也最知道怎麼活用。自己有一手經驗，閱讀別人的解說時也會更能了解其中的門道。

要怎麼開始呢？

1 首先，設定一個主題：比如介紹動漫的廣告、菜單、社團介紹、旅遊行程表等等，什麼都可以。接下來加入相關的細節，像是文字、圖片、側欄或框框、彼此的間距留白、套入什麼顏色等，讓腦海裡有個大致的輪廓。

2 用白紙打草稿：紙是非常有用的資訊工具。用紙筆先畫草稿的好處是，可以把你想要的畫面很快表達出來。先讓自己看得見版面，再一步一步將紙上的構想變成網頁，就容易多了。

3 一塊一塊，逐步做出來：不必一下就完成整張網頁，可以先分區塊，把會做的先完成。那些不會的部分，可透過上網查資料，逐步完成。拿你要做的事，加上「html」「css」或「javascript」當關鍵字查，版型與元素相關的就查「html」，例如你想在網頁上放音樂，就查「html 音樂」、想放圖片就查「html 圖片」；樣式配色相關的就查「css」；互動功能與資料處理相關的就查「javascript」。這樣子查，通常都能找到你需要的語法說明和範例。

4 自適應設計：不時將螢幕拖寬、拖窄，測試看看，在不同寬度的螢幕上，網頁是否都能顯示出理想的效果。

╱授權╱

先前介紹 JavaScript 函式時，特別提醒過要使用已公開授權的圖片。在網路上發布網頁，算是一種公開發表，因此如果素材（圖片、音樂、影片……）的來源，也就是原作者沒有授權同意的話，在法律上有可能構成侵權行為。如果要避免侵權，有兩個方法可以選擇：

① 用自己的原創作品當素材。

② 用註明創用 CC 授權（Creative Commons, CC）的素材，基本上它們都是歡迎各界使用的，但還是要留意一下，有些創用授權的素材是有附加條件的，例如 CC-BY 授權，它必須要標明作者和來源，才能合法使用；CC-NC 授權的條件是，不可以把它用在商業用途。設定條件最寬的創用授權要屬 CC0，它是直接釋出至公共領域，你愛怎麼用就怎麼用，不註明作者也無所謂。只要不說是你做的，就不構成侵權行為。

這些授權不必死記，在素材旁邊的授權聲明都會寫得很清楚。沒寫授權聲明的話，就代表沒有授權他人使用，請避免使用。

你可以在 Creative Commons 的英文官方網站（https://creativecommons.org/）和「台灣創用 CC 計畫」網站（http://creativecommons.org.tw/）上找到各種授權的標示和詳細介紹。之後若想為自己的作品加上創用 CC 標示，也可以從英文版網站下載高解析度的圖檔。

另外也要注意，如果你使用的照片、影片中有別人，要先徵求對方的書面同意之後再發布。

／給新手法師的常用咒文表（風系）／

HTML：

咒文	英文	中文
<html>	HyperText Markup Language	超文本標記語言
<head>	head	頭部
<body>	body	體部
<p>	paragraph	段落
	non breaking space	連續空白
 	break	斷行
<hr/>	horizontal line	水平線
<ul>	uniformed list	齊一的清單
<ol>	ordered list	有序的清單
<li>	list item	清單中的項目
<a>	anchor	錨
href	hyper-reference	超連結
<img>	image	圖
src	source	來源
id	identity	身分
class	class	類別
<button>	button	按鈕
<table>	table	表格
<tr>	table row	列
<td>	table data	表格數據（欄）

CSS：

咒文	英文	中文
color	color	顏色

font-size	font size	字體大小
line-height	line height	行高
margin	margin	外部留白
padding	padding	內部留白
background-color	background color	背景色
background-image	background image	背景圖
font-family	font-family	字型
px	pixel	像素

JavaScript：

咒文	英文	中文
alert	alert	警示
console.log	log into console	在控制台寫下
getElementById	get elements by id	依身分來選取元素
getElementsByTagName	get elements by tag name	依標籤來選取元素
getElementsByClass	get elements by class	依類別來選取元素
setAttribute	set attribute	設定屬性
createElement	create element	創建元素
createTextNode	create text node	創建文字節點
appendChild	append child	從下方置入字元
location	location	網址
onclick	on click	當被點擊時
window.print	print window	列印視窗
XMLHttpRequest	XML http request	超文本傳輸協定請求
readystate	ready state	準備狀態
onreadystatechange	on ready state change	當準備狀態改變時
status	status	狀態
responseText	response text	回應的文字

╱可以嘗試的下一步╱

本書的風法術交代到尾聲了，剩下的路，就靠你自己去學習了。

1 w3school 網站有風系基礎的完整教程和索引，HTML、CSS、JavaScript 還有其他相關的工具，不管是按部就班或是遇到問題再上去查，都很好用。網址是：http://www.w3schools.com/。

2 如果你對風系法術很有興趣，想更深入了解細節，建議去看看這個「開發者的地城冒險」網站，裡面有技能樹和學習資源，可以當作學習的地圖與指南。網址是：http://www.dungeonsanddevelopers.com/。

第四章

土系法術
利用 Arduino+Java 進入實體機械世界

土系法術簡介

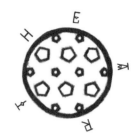

難度　**中等程度者**
適合　**喜歡拆卸組裝與研究機械的人**
重視　**實際**

就像我們腳下的土地，默默支撐著世界、孕育生命。土系法師也悄悄用自己的方式照顧著我們的生活。土系法術最重視的就是程式如何與生活結合，實際運用。

程式可以用來控制機械的運動，像跑馬燈、自動販賣機、遙控飛機與機器人等。透過寫程式，你可以為自己喜歡的機械裝置創造一個頭腦，讓它能夠靈活地動起來。

人類使用機械裝置來節省力氣、達成某些功能，已經有數千年以上的歷史了。古早的機械工具，例如輪子、輸水道、抽水幫浦、犁、斧頭、灶、窯等，都是運用剛體物理、流體物理與熱物理的性質，以人力或獸力來推動，完全不需要倚靠電力就能夠完成很多事情。

直至十八世紀初期，隨著科學家、工程師開始研究「電」，以電為動力的機械，才逐漸發展起來。

到了十九世紀，隨著電路設計的基本定律確立下來，電話、留聲機、電報、電燈這些電器也陸續被發明出來，讓人類的生活有了非常大的轉變。

進入二十世紀，人們已廣泛建立了發電機和輸電系統，使得家庭電力變得普及。同時，電路的設計越來越進步，電路裝置也越形縮小。生活中普遍使用的電器，其電路不是被包裹在內，就是非常精巧，以至於大部分的人，雖然經常使用電動機械，但是對其中的構造及原理，還是一無所知。

來到二十世紀中後期，隨著電腦的發明和應用的普及化，人們已經習慣將大量的

記憶、計算等複雜的事務，都交給電腦處理，因此使用電腦「設計」，對許多人來說，變成在家就可以做的事。無論是簡單的生活大小事，還是比較專業的程式設計，或是電路、機械裝置的設計，都可以在自家電腦上進行。

到了二十一世紀，全球環境問題受到普遍的重視，使得許多更環保的再生能源發電裝置被研發和改良；機器學習的演算法漸趨成熟，使得機器可以從大量經驗中學習，以至於在許多需要彈性思考的方面，例如下圍棋或開車，也能達成近似人類、甚至優於人類表現的人工智能（Artifitial Intelligence, AI）。

以上是一個簡單的歷史回顧。如果你對研發機器人有興趣，就會接觸到機械、電路、程式、人工智能這幾個層次。你不一定要從具體的機械設計開始，也可能從怎麼寫程式入手，因為「機械」運作的方式有很多種。舉例來說，手推車和鋸子是不需要電力的機械；手電筒和電扇是需要電力但不需要程式設計的機械；電梯、路燈則是同時需要電和程式設計的機械；自動汽車、櫃台機器人、機器祕書、機器記者等等，則是需要電、程式設計與人工智能的機械。

我們在土系法術的這一章會專注於介紹程式和電路這兩層次的入門。至於更抽象的人工智能和更具體的機械裝置，較為複雜，本書暫時不探討。也就是說，本章提到的機器人，並不具備複雜的人工智能，而是透過程式和電路的交互作用，達到感知、思考、行動的表現。

／版本註記／

本章介紹的是 Arduino UNO R3 版的功能和範例,如果你在閱讀這本書時,硬體或軟體已經改版,操作方式可能略有不同。

／ Arduino 開發板／

為什麼使用 Arduino?主要是因為它並不是一家公司獨有的產品,而是一個開放原始碼的電路板設計格式,可作為教學、自學和產品開發之用。

Arduino 板子裡面有一個微控制器,和電腦裡的 CPU 一樣,可以用來執行程式;板子上面還有許多連接端子,可以連接到外部電路。簡單來說,它就是一個讓程式和電路交互作用的平台。

使用 Arduino 初試身手,可以學到很多知識,而且相關的周邊材料相容性也很高,如果將來想要轉換至別的平台,也比較容易適應。

當然它不是唯一可以寫程式的電路板,其他還有更複雜的,像是樹莓派;或是熟悉電子電路的人,自己就可以設計出符合需求的可編程電路板。總之,方法不只一種,Arduino 並不是唯一的選擇,不過說它很適合當入門教材,同時也具有深造的價值,所以本書將它選為重點介紹的一個主要系列。

前面介紹的語言都是軟體,所以只要有電腦,不必再買設備。但 Arduino 包含了硬體,會需要新的設備,這是土系法術與前面三系的不同。

入門時,如果預算許可,建議在網上訂購一份「Arduino 初始包」(Arduino Starter Kit),內含有電路板、各式各樣的零件和英文說明書《Arduino Project Book》等等,可以讓你透過實際的創作,對 Arduino 有初步的認識。如果不買它,你也可以透過網路上的模擬器來設計並執行。初始包究竟包含哪些零件,請參見它的官網:https://www.arduino.cc/en/Main/ArduinoStarterKit。

有了硬體，接下來就是軟體開發環境。你可以到 Arduino 的官方網站下載開發軟體 Arduino IDE：https://www.arduino.cc/en/Main/Software。如果找不到，可輸入關鍵字「arduino download」查詢，找到下載的檔案，然後按照上面指示的步驟安裝即可。

/上手第一步/

首先，無論你是否已訂購 Arduino 初始包，都可先在線上使用包含 Arduino 的電路板模擬器玩玩看。

本章推薦由 Autodesk 公司架設的免費線上電路設計與 Arduino 開發環境，Circuits.io (https://circuits.io/) 和 Tinkercad (https://www.tinkercad.com)。

如果網址找不到，可以嘗試搜尋關鍵字「arduino simulator」來找到合適的 Arduino 模擬器。

使用模擬器的優點在於，你不必擔心接錯線，可以放心的去接電路、寫程式。也就是說，你可以使用線上的模擬器先把構想畫出來、寫出來，再拿真的 Arduino 板與麵包板，接上真的電路與機器，之後再將你在線上製作的程式碼下載下來，放入實體的 Arduino 去跑。將構想和實際操作分成兩步驟進行，可以在初步階段保留比較大的彈性，壓力也會比較小。

你還可以在線上的開發環境中，創建許多不同的電路和程式，並為它們取不同的名稱，日後要找就方便多了。

畢竟 Arduino 的設計中，只有程式的部分才能存進電腦，像電路這些實體零件，就沒有辦法存進電腦。每次替換電路時，原有的電路就沒了。怎麼辦呢？這時，可用模擬器來儲存虛擬的電路配置檔，以備將來使用。

不過，模擬器終究只限於模擬，雖然已經很接近真實，但仍不完全真實，而且也不

是每件事都能模擬。因此，我們只把模擬器當作打草稿和實驗的輔助工具，還是要把真正的電路板當成真正操作的地方，才比較實際。

本書電路配置和電路圖範例都是在 Circuits.io 上的 Electronics Lab 編輯的。不過，Circuits.io 正在將 Electronics Lab 的電路配置和程式編寫功能搬家到 Tinkercad，之後原站將剩下電路圖設計和印刷電路板預覽功能。所以，我們現在就先登入 **Tinkercad** 網站吧！註冊一個帳號後，點選「**Circuits > Create New Circuit**」即可開始做實驗。

因為 Tinkercad 和 Circuits.io 都是 Autodesk 架設的開發環境，所以可以共用一組帳號，之後你想到 Circuits.io 設計電路圖時也不用重註冊。

點亮 LED 燈

土系法術的作物不是農作物，是電。不過，種植作物前，先讓我們把培養土固好吧。先在模擬試驗室試試最基礎的土系法術，來小試身手，也順便認識一些基本概念。

進入模擬實驗室，剛開始畫面是空白的，我們點選畫面右上角的「+ Components」，拿出一塊麵包板（Breadboard）。麵包板是一個電路實驗用具，上面有整排相連的端子可以傳遞電流，方便使用者自由嘗試各種電路的配置，而不需要焊接、固定它們。

當實驗結果產出滿意的作品，想要把這些電路配置固定時，再抽掉笨重的麵包板，改以焊接、中接端子或印刷電路板（Prited Circuit Borad, PCB）等方式來取代即可。

在模擬實驗室中，我們可拿滑鼠在麵包板上移動，滑到每個端子時，它都會自動顯示該端子和哪些端子在麵包板底下是相連的。

例如下圖，最上面和最下面橫排的「一」和「＋」都是整排相連的。

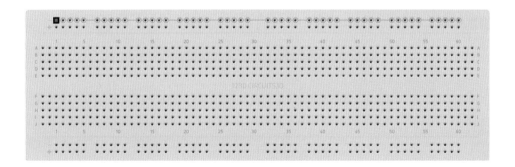

每個直排中五個一組的端子，也是彼此相連的。

用滑鼠四處滑滑看，當你對麵包板有些概念後，即可按右上方的「+ Components」繼續放入新零件。

首先我們需要接上電源，才能讓電路通電。我們可以使用電池，但既然馬上要介紹 Arduino，不如直接用 Arduino 來供電。往下捲動，找出「Arduino UNO R3」，把它放上板子。

當畫面看起來有點擠的時候，可用左上方的「Zoom To Fit」來調整成合適的視角。你也可以將麵包板和 Arduino 拖放為比較寬鬆的樣子。

接著，我們來做一個非常簡單的電路配置。點擊 Arduino 的「5V」端子，拉一條電線到麵包板上，拿一顆 LED 燈把正極（Anode）接上去，再從負極（Cathode）接一條電線到 Arduino 的「GND」端子。

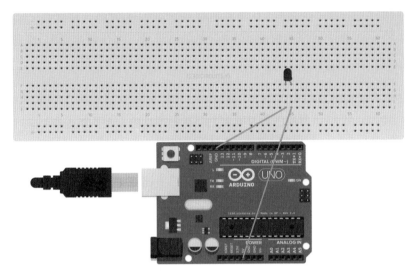

最後，再按右上角的「Start Simulation」開始模擬測試。你發現什麼了嗎？

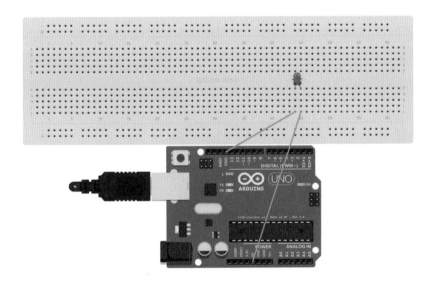

噢噢……LED 燈負荷超載，出現燒壞的圖示！

原來「5V」端子和「GND」端子中間有 5 伏特的電壓，它們的作用就像一顆電池一樣；而一般配件中的 LED 燈能承受的電壓並不高，如果直接接上 5 伏特的電壓，結果會太強。

有什麼解決之道？就是在電路中加裝一個電阻器，這樣就可以提供更大的電阻。電阻越大，電流越弱。電阻也有減低電器兩端之間電壓的功能，後面會詳述。

具體來說，要怎麼做呢？你可以從「+ Components」把電阻 (resistor) 加進來，再從右邊的框框中把原本的數字改成 220 歐姆 (Ω)，然後連接上去，LED 燈就能正常發亮了。

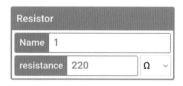

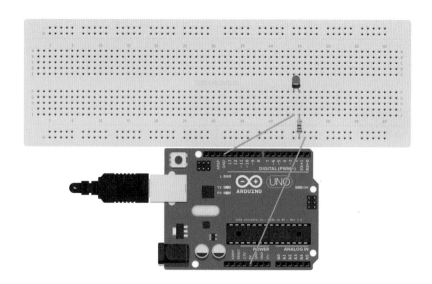

改作：
你還可以試試看，改成 1000Ω 或 10000Ω 來取代 220Ω 的電阻，看看會發生什麼事。改成 1Ω 或 10Ω 呢？

認識電路

普格碼島的土系法術，訓練重點在於產生電來驅動機械。所以我們一定要熟悉電路如何運作，才能夠流利地使出各種咒術。

╱電路的基礎概念╱

當我們要接電路時，一定要對「電位」、「電壓」、「電流」、「電阻」這幾個基礎概念有點認識。有了這些知識後，你就能更明白剛才的練習和接下來的實驗。

這邊的說明是為了初學易懂，並不是物理學上的嚴格定義，如果有興趣，你可以再以關鍵字查詢它們的嚴格定義。

「電位」：電位又稱為電勢，代表釋出電的潛勢。電從電位高處流到電位低處時可以釋放能量，有點像水從高處流到低處可以推動水輪。電位的單位是伏特 (V)。

「電壓」：如果兩點中間，有電位的差距，這就稱為電壓，也稱作「電位差」。電壓越高，當電從甲地流到乙地時，可以放出的能量越大。

「電流」：代表電的流速。單點的電流越大，表示同樣時間內有越多的電通過該點；一段電路的電流越大，代表同樣時間內有越多的電流過端點。電流是有方向的，電池的電流是從正極流出，經過一系列的電路，再流入負極。

「電阻」：代表一段電路或是某個電子元件對電流通過的阻抗性。導線是由電阻很低的金屬製成，所以電流可以輕易通過；要把電的能量轉換成其他用途的元件，像燈或馬達，都具有或高或低的電阻；在組裝電路時也常使用專門的電阻器產生電阻。

我們可以做一張簡表，看看電位、電壓、電流和電阻分別適用在什麼地方：

	單點	一段電路	常用符號	常用單位
電位	有		φ	伏特 (伏 , V)
電壓 (電位差)		有	V	伏特 (伏 , V)
電流	有	有	I	安培 (安 , A)
電阻		有	R	歐姆 (歐 , Ω)

由上表可知，電位是屬於單點的，電壓、電阻則是選取一段電路才有的東西。此外電壓的單位和電位一樣，那是因為電壓是兩個電位相減的結果。

╱電路的安全與歐姆定律╱

接著，我們來學習土系法術的安全性。

具備了上述電路的基本概念，我們就可以實際來應用看看。首先是入門者最關心的問題，要怎麼接才不會把電路弄壞？哪些又是我們要注意的問題呢？

電壓過高，或者電流過強，這兩種狀況都可能對 Arduino 造成傷害。

Arduino 本身能送出的最高電壓，和各個端子能承受的電壓上限一樣，只要沒有另外用更高的電壓連上 Ardunio 的讀取端子，就在安全範圍內。

電流的部分，則是要避免電流負荷超載，尤其是短路。

短路是什麼呢？為什麼它會產生問題？首先我們來看看電路學上的「歐姆定律」。

歐姆定律是十九世紀電路學研究，從經驗到理論的成果，它表明：通過導體的電流，與導體兩端的電壓呈正比，與導體中的電阻呈反比。

寫成公式，就是：

$$I = \frac{V}{R}$$

其中，I 代表電流 (Current)，單位是安培 (A)。V 代表電壓 (Voltage)，單位是伏特 (V)。R 代表電阻 (Resistence)，單位是歐姆 (Ω)。

視乎你要算的東西而異，歐姆定律也可寫成：

$$R = \frac{V}{I} \quad \text{或} \quad V = IR$$

歐姆定律中，I 表示電流，但電流 (Current) 一詞中明明沒有「I」這個字母，這是不是很奇怪呢？據說最早使用 I 來當符號的是電學家安培 (1775-1836)，他是一位法國人，由於法文的電流是「intensité du courant électrique」(電流的強度)，所以人們就用它的字首「I」代表電流。

言歸正傳，我們來看看歐姆定律和短路有何關係：

$$I = \frac{V}{R}$$

從上面的公式中，我們可得知：電壓越大，電流就越大；電阻越大，電流就越小。如果電阻 (R) 非常小，極端的情況，就像我們直接用導線把電池的正極接上負極，這樣會發生什麼事呢？

Arduino 的一般輸出電壓為 5V，可視為一顆 5V 電池。

當 5V 的電壓，除以一個非常小的電阻時，產生的電流會很大。

10 公分長銅線的電阻，大約只有 0.001Ω，所以直接接上兩端，產生的電流約有 5000A，這完全足以燒壞電路板上的端子，甚至整個電路板。

雖然如此，你還是很安全，因為人體本身的電阻很大，5V 的電壓相當小，不會有足以造成危險的電流跑到你身上。

Arduino 各端子可承受的電壓與電流簡表如下：

	電壓承受上限 (單位：伏特 V)	電流承受上限 (單位：毫安培 mA)	5V 電壓下至少需要 電阻 (單位：歐姆 Ω)
讀取端子	0V~5V	40mA	0Ω（讀取端子有內建電阻）
寫入端子	0V~5V	40mA	125Ω
GND 端子	0V~5V	200mA	25Ω
5V 端子	0V~5V	200mA	25Ω

更詳細的過載上限說明，請參見下列網址：

■ Arduino 官網的〈電流承載上限〉文章，網址是：http://playground.arduino.cc/Main/ArduinoPinCurrentLimitations。

② 〈毀掉 Arduino 的十個方法〉，網址是：http://www.rugged-circuits.com/10-ways-to-destroy-an-arduino/。

／電路學的三大定律／

電路學上主要有三個定律，即歐姆定律、克希荷夫電流定律、克希荷夫電壓定律。它們乍看之下有點枯燥，不過在實際設計電路時，卻很基礎，也很管用。你不必硬背，但是遇到設計上的問題時，回頭看看它們，想一想，說不定就會得到解決的靈感了。列表如下：

	敘述	式子
歐姆定律（Ohm's Law）	通過某元件的電流，等於兩端點的電位差（電壓），除以該元件的電阻	$I = \dfrac{V}{R}$
克希荷夫電流定律（Kirchhoff's Current Law, KCL）	所有進入某節點的電流的總和等於所有離開這節點的電流的總和	$\sum I = 0$
克希荷夫電壓定律（Kirchhoff's Voltage Law, KVL）	沿著閉合迴路所有元件兩端的電位差（電壓）的總和等於零	$\sum V = 0$

兩則克氏定律的公式中，「Σ」的符號代表「加總」，也就是把全部加起來，和水系 Haskell 的 sum 函式一樣。

╱串聯結構╱

現在介紹土系基本的法術：土串接。

介紹了基本的單位和定律，我們來看看應用時，常見的結構吧！例如，像串燒一樣，把兩個以上的元件，頭尾相接，連在一起，稱為串聯。

這是在一塊小麵包板（Breadboard Small）上將三個電阻串聯起來的例子：

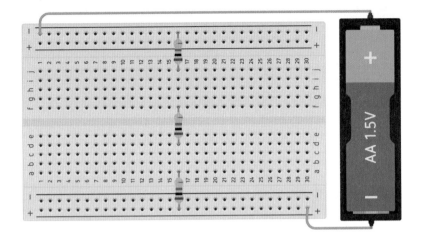

這是上圖的電路結構：

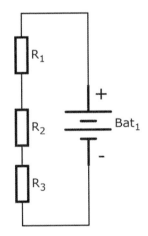

經由串聯之後，兩端的電阻會變大，總電流會變小。細節部分可以由電路三大定律，

透過數學方式推導出來。

串聯的推導如下（以下算式有應用到高中數學，如果對你太難，可直接跳到後面）：

假設有 n 個不同的電阻串聯在一起，首先，以 I_{eq} 表示總電流，依克氏電流定律可知，整串中，各處的電流都一樣，此即：

$$I_{eq} = I_1 = I_2 = \ldots = I_n$$

再依歐姆定律，作用在每段電阻上，把電流改寫成電壓除以電阻的商數，可得：

$$I_{eq} = \frac{V_1}{R_1} = \frac{V_2}{R_2} = \ldots = \frac{V_n}{R_n}$$

把各個比值改寫成比例的形式，即：

$$V_1 : V_2 = R_1 : R_2, V_2 : V_3 = R_2 : R_3, \ldots, V_{n-1} : V_n = R_{n-1} : R_n$$

又依克氏電壓定律可知，如果把電池串聯起來，電壓會相加，以 V_{eq} 表示總電壓：

$$V_1 + V_2 + \ldots + V_n = V_{eq}$$

因為每段電壓比與電阻比相同，總電壓卻是固定的，綜合以上兩式可以推算出：

$$V_k = (\frac{R_k}{R_1 + R_2 + \ldots + R_n})V_{eq}; k = 1, 2, \ldots, n$$

有了各段電壓，由此我們可以再考慮總電流：

$$I_{eq} = \frac{V_{eq}}{R_{eq}} = \frac{V_1}{R_1} = \frac{(\frac{R_1}{R_1 + R_2 + \ldots + R_n})V_{eq}}{R_1} =$$

$$(\frac{1}{R_1 + R_2 + \ldots + R_n})V_{eq} = \frac{V_{eq}}{R_1 + R_2 + \ldots + R_n}$$

總電阻 R_{eq} 就是總電壓除以總電流，也就得到了結論：

$$R_{eq} = R_1 + R_2 + \ldots + R_n = \sum R$$

串聯系統中，總電阻等於所有各段電阻的總和。在計算上有些複雜，不過看特例就很簡單。如果每個小段的電阻都一樣是 R，那麼串聯 n 小段後，兩端之間的等效電阻會是 n×R。例如，相同兩個 220Ω 電阻串聯，總電阻會變成 440Ω。

接著我們來考慮一下電位，這在後面討論感測器時會用到。

在串聯結構中，若從正極出發，每經過一個電阻，電位就會降低一些，因為每一段都要有電位差（電壓），才能使電流通過電阻。

在 n 個串聯元件中間各點的電位，可以用數學方法算出。

串聯電路中各點電位推導如下（以下算式有應用到高中數學，如果對你太難，可直接跳到後面看結論）：

設串聯的正極方向電位是 ϕ_+，負極方向是 ϕ_-，第 k 個和第 k+1 個元件中間導線上任何一點的電位為 ϕ_k，我們有以下兩式：

$$V_{eq} = \phi_+ - \phi_-$$

$$\phi_+ - \phi_k = \sum_{i=0}^{k} V_i$$

其中 $\sum_{i=0}^{k}$ ，代表「部分加總」，取第 0 項到第 k 項加起來。

把前式改寫、移項一下，可得： $\phi_k = \phi_+ - \sum_{i=0}^{k} V_i$

又因前面的結果，我們已經有：

$$V_i = (\frac{R_i}{R_1 + R_2 + \ldots + R_n}) V_{eq}; i = 1, 2, \ldots, n$$

綜合起來，可得到串聯系統中單點的電位：

$$\phi_k = \phi_+ - \sum_{i=0}^{k} V_i$$

$$= \phi_+ - \left(\frac{\sum_{i=0}^{k} R_i}{R_1 + R_2 + ... + R_n}\right) V_{eq}$$

$$= \phi_+ - \left(\frac{\sum_{i=0}^{k} R_i}{R_1 + R_2 + ... + R_n}\right)(\phi_+ - \phi_-)$$

$$= \frac{\sum R}{\sum R}\phi_+ - \frac{\sum_{i=0}^{k} R_i}{\sum R}\phi_+ + \frac{\sum_{i=0}^{k} R_i}{\sum R}\phi_-$$

$$= \frac{\sum_{i=k+1}^{n} R_i}{\sum R}\phi_+ + \frac{\sum_{i=0}^{k} R_i}{\sum R}\phi_-$$

$$= \frac{(\sum_{i=k+1}^{n} R_i)\phi_+ + (\sum_{i=0}^{k} R_i)\phi_-}{\sum R}$$

結論是：串聯電路中某個點的電位，會接近離自己電阻中電壓較小的那一側的端點電位。例如：5V 的電源，頭尾接上兩個相同電阻的串聯電路，兩電阻中間任一點的電位會是 2.5V。

改作：
先從單一的 LED 燈串聯一個 220Ω 電阻開始，再來多串聯一個 LED 燈，那麼原本 LED 燈的亮度會有變化嗎？如果跟別的電阻器串聯呢？又是什麼結果？

╱並聯結構╱

接著，我們來看看土系法術常見的第二種結構：土並接。

在相同電位的地方，分叉出支路，之後再會合的連結方式，稱為**並聯**。

看看下圖的麵包板上，由三個電阻做成的一個簡易並聯：

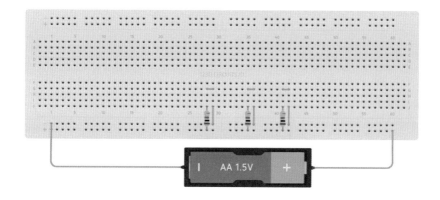

這是上圖並聯的電路結構：

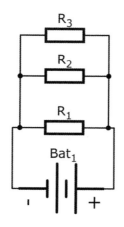

並聯結構中，兩端的電壓不變，兩端的電流等於所有支電路的電流相加。寫成公式就是：

$$V_{eq} = V_1 = V_2 = \ldots = V_n$$

$$I_{eq} = I_1 + I_2 + \ldots + I_n = \sum I$$

其中每段支電路的電流可以用歐姆定律算出：

$$I_k = \frac{V_{eq}}{R_k}; \quad k = 1, 2, \ldots, n$$

那麼，等效電阻呢？

$$R_{eq} = \frac{V_{eq}}{I_{eq}} = \frac{V_{eq}}{\sum_k^n I_k} = \frac{V_{eq}}{\sum_k^n \frac{V_{eq}}{R_k}} = \frac{1}{\sum \frac{1}{R}}$$

等效電阻 R_{eq} 相當於每段支路電阻的倒數，相加之後再取倒數。

公式上如此計算是有些複雜，不過看特例就很簡單。如果每個支路的電路都一樣是 R，那麼並聯 n 小段後，兩端之間的等效電阻會是：$\dfrac{R}{n}$

例如：相同的兩個 220Ω 電阻並聯，總電阻會變成 110Ω。

當你並聯越多元件時，等效電阻就會越低。當兩端電壓固定，例如直接連到電池的正負兩極時，等效電阻如果太低就會導致電流過載。

這就是為什麼不宜讓太多家用電器共用一條延長線，因為許多電器插在同一條延長線上，就是一種並聯結構。

╱電線╱

土系法術的導體，本身又是如何呢？

接著，我們來看看一直沒有提到的，傳輸電的功臣──電線吧！電線是以銅或其他低電阻金屬製成，但它們並非沒有電阻，只是電阻很小，在我們操作的小範圍內，連 0.01Ω 都不到，所以可以忽略不計。

但是當電線接長，就像是串聯一樣，電阻就會增大。因此，一條長達 1 公里的電線，電阻會比同樣粗細的 10 公分電線要大 10000 倍，那就難以忽視了。所以電力公司的輸電設計，一定得把電線本身的電阻考慮進去才行。

加長時電阻會變大，那麼加粗呢？當電線加粗，就像是並聯一樣，電阻會減小。這就是為什麼較長距離、輸電量較大的電線，往往設計得比較粗的理由之一。

試算：

1 Arduino 的 5V 端和 GND 端間有 5V 的電壓，它們可承受的電流上限都是 200mA（即 0.2A）。試問如果並聯 4 個 220Ω 電阻，它會不會過載？

2 Arduino 的輸出端可承受的電流上限都是 40mA（即 0.04A），一樣在 5V 的電壓下，如果並聯 2 個 220Ω 電阻，它會不會過載？

感知

土系法師的感測能力，來自機械的感測器。

講了許多電路方面的事情，現在終於可以和機器人的設計，沾上一點邊了。讓我們從「感知」的能力開始吧！人類有視覺、聽覺、觸覺、嗅覺、味覺等許多不同的感知能力，機器人擁有的感知能力，則取決於我們為它裝置了哪些感知元件。

Arduino 初始包附的感知元件，有「按鈕」、「傾斜感測器」、「光敏電阻」、「感溫器」、「電位器」（可用手控改變電位）、「壓電器」（可感測敲擊）等。

如果你想做的計畫，需要別種感測器，可以加上 Arduino 當作關鍵字上網搜尋。例如「水位感測器 Arduino」、「火焰感測器 Arduino」、「傾角感測器 Arduino」等等。因為 Arduino 電路板只是處理電壓、電位，要和它相容比較簡單，所以周邊的零件，比起有著同樣功能的機器人配件，會便宜不少。

接下來，我們來看看實例上該怎麼連接這些感知元件吧！

書中的示意圖用的是 Circuits.io 上的 Arduino UNO，如果你在 Tinkercad 上找不到，也可以用 Arduino UNO R3 代替。

按鈕與傾斜感測器

以開關電路，來嘗試做一個簡單的土系感測器吧！

我們拿一塊小麵包板來練習，從一個簡單的按鈕（Pushbutton）開始，如果設定 7 號端子為輸入端子，我們可以這樣接：

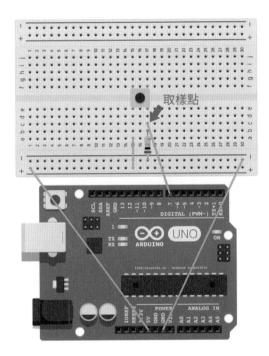

從電路圖的角度來看範例，它長得像這樣：

當按鈕按下前，取樣點只和負極 (GND) 連上，此時取樣得到的電位是 0V。

當按鈕按下後，往正極 (5V) 的電路就通了。此時因為取樣點到負極中間有電阻，而從它到 5V 中間沒有電阻，使得它的電位成為 5V，此時取樣得到的電位是 5V。

這顆要用多大的電阻才行呢？因為測的是電位，用大的電阻並不影響結果，還可以減少不必要的電流，所以範例中是用 10kΩ，也就是 10000 歐姆的電阻。想要用更大的也行。

初始包內附了**有四個端子的傾斜感測器 (Tilt Sensor 4-pin)**，和按鈕一樣，是一種**形成通路和斷路的切換裝置**。它有四個端子，是一個不導電的塑膠小管子，裡面有一顆導電的小小金屬球，當傾斜到一定程度之後球就會滾離，製造斷路。因此它一開始是通路，傾斜之後才是斷路。我們可以拿它來替換按鈕看看。

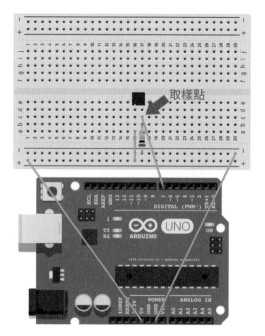

這種配置方式的電路圖如下：

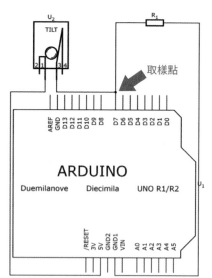

前面圖例的傾斜感測器的接法和按鈕一樣。一開始讀到的電位是 5V，傾斜之後是 0V。

如果你希望和按鈕一樣，一開始讀到 0V，傾斜之後才是 5V，就要稍微調整一下電路，像這樣把它們對調，讓取樣點一開始是通往正極方向，才會產生電阻：

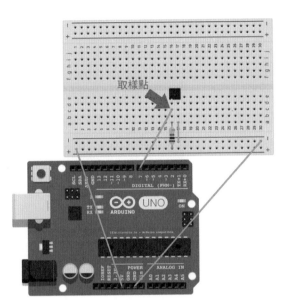

看一下更改配置後的電路圖，順便確認有沒有達到我們要的效果：

在前版的 Circuits.io 實驗室想檢視上面這種電路圖，可以直接將模擬器右上方的「Lab View」模式切換為「Schematics View」，Tinkercad 的實驗室裡沒有這個功能，不過你可以試著自己用紙筆手繪看看，或是利用 Circuits.io 的電路圖設計功能畫圖。登入 Circuits.io 後，點選「New>New PCB Design」就可以開始畫電路圖；Circuits.io 的操作介面和 Tinkercad 很像，相信你能很快上手。試著畫畫看吧！對釐清電路的運作方式很有幫助。

程式結構

土系法術的咒文結構，也有固定的格式。我們先來看一個例子。

如果將我們剛剛試做的兩組按鈕和傾斜感測器電路配上一支完整的程式，便可以將取樣點讀到的訊息列印出來。

你可以點選「+ Components」旁的「**Code Editor**」，自己輸入程式。Arduino 的開發環境是以 **Java** 這種程式語言為基礎的。簡單的寫法如下：

```
int but = 7; // 本處以 7 號端子為例，其實其他幾個端子也可以
void setup(){
    pinMode(but, INPUT); // 設定 7 號端子為輸入端
    Serial.begin(9600);
}


void loop(){
    int val = digitalRead(but); // 以數位讀取方法，讀取 but 端子取樣的電位，存進
變數中
    Serial.println(val); // 列印出它的值，並且換行
}
```

這邊「//」後面的文字也是註解。數位讀取方法只有兩種結果：取樣點的電位 3V 以上時傳回「1」，不到 3V 則傳回「0」。

點選 Code Editor 欄左邊的「Upload & Run」上傳並執行以上程式，試試看結果吧！打開右邊的「Serial Monitor」（序列埠監控視窗），你可以看看取樣點和正極

跟負極連接時，各會印出什麼數字。

在寫這個程式時，設定輸入端的部分相當重要，要先設定完成，才能由此讀取感測結果。而且，一個端子若被設定為輸入端，Arduino 就會讓它有很強的電阻，即使直接連上 5V 正極，也不會有電流過載的問題。

Arduino 的程式結構通常分成三部分：

1 宣告變數

2 初始設定

3 無窮迴圈

宣告變數，就和水系和風系的程式一樣，先宣告了變數，後面的程式碼才好根據它們的名字來儲存、提取其內容。例如：

```
int but = 7;
int sensor = A0;
int led = 13;
```

其中 int 代表以 32 位元的方式存取的整數。

等等……你說 A0 不是整數？其實 A0 是被系統內訂為 14 呢。也就是說，A0 端子就是第 14 號端子。同樣的，A1、A2、A3……它們也都是內訂的整數，之所以這樣訂定，只是為了讓我們好讀好寫而已。

第二部分是初始設定，這段程式只會執行一次，通常是用來設定各個端子的狀態，以及打開序列埠，讓我們能將讀到的資料顯示在螢幕上。

```
void setup(){
    pinMode(but, INPUT); // 把 but 代表的端子，設為輸入端
    pinMode(sensor, INPUT); // 把 sensor 代表的端子，設為輸入端
    pinMode(led, OUTPUT); // 把 led 代表的端子，設為輸出端
    Serial.begin(9600); // 啟用序列埠，並設定傳輸速度為每秒 9600 位元
}
```

第三部分則是重頭戲——無窮迴圈。在重複執行的迴圈中，你可以讀取 Input 端的電位、改寫 Output 端的電位、做數學運算，以及透過序列埠在螢幕上顯示結果等等。它的寫法如：

```
void loop(){
    // 裡面的程式碼會一直重複執行
}
```

其中「void」是指「無傳回值的函式」。如果要另外宣告一些有傳回值的函式，它們的程式碼就不是以 void 開頭，而是以傳回值的型別開頭。例如，傳回值是一般數字的話，就用 int 開頭。

至於怎麼寫比較有趣，我們留待後面介紹「思考」一節時再討論。先回頭看看其他的感測器吧！

類比感測器

接著，讓我們看看進階的土系感測術吧！它可以讓我們以更精準的方式表現電位。

按鈕和傾斜感測器，是負責創造斷路和通路這兩種狀態的感測器，通常會使用數位輸入。數位輸入讀到 3V 以上的電位時，會傳回「1」，小於 3V 電位則傳回「0」，這在上述的傾斜感測器範例中已使用過。

Arduino 還有另一個輸入方法，就是類比輸入。使用類比輸入讀取電位時，感測器會視取樣點的電位，傳回 0~1023 中間的某一數字。 0V 的電位傳回「0」、5V 的電位傳回「1023」，介於中間的，就看靠誰比較近。它寫起來像是：

```
int val = analogRead(sensor);
```

請留意，在 Arduino 板子上，只有 A 開頭的端子可以做類比輸入，以初始包來說就是 A0 到 A5，共 6 枚端子。

此外，如果因為接觸不良，或是電路設計的疏忽，使輸入端沒有連上正負極或中間任何一處，那麼讀取到的電位將會呈現不穩定的跳動，難以預測其數值。如果你發現感測器讀到的值非常不穩定，請檢查你的電路，並把可能接觸不良的元件按緊一些。

初始包附的類比感測器有「光敏電阻」、「感溫器」、「電位器」（可用手控改變電位）和「壓電器」（可感測敲擊），我們來看看它們是怎麼接的吧！

電位器與感溫器

電位器是一個三端子的裝置，可以透過手的旋轉改變中間端子的電位。

初始包中附的電位器（potentiometer）是 10kΩ 型的，本身具有很大的電阻（10kΩ），所以不必再接電阻，可以直接將正負極接到它的兩端。它的中央端子則是用來連接 Arduino 的輸入端子。

請先找到附件中的電位器，觀察它是否有一個旋鈕（wiper）。當你轉動旋鈕時，如果正負兩端的電位不同，中央端子的電位就會在它的正負兩端的電位之間移動。

直接把電位器的三個端子分別連上 Arduino 的正、負極和讀取端，讀取端接上類比輸入端子時，你就可以一面轉旋鈕，一面讀到 0~1023 中間各個數字 。程式可以這樣寫：

```
int wiper = A0;

void setup(){
    pinMode(wiper,INPUT);
    Serial.begin(9600);
}

void loop(){
    int reading = analogRead(wiper);   // 以類比方式從 A0 端子讀取電位
    Serial.println(reading); // 印出結果
}
```

很簡單吧！而且完全不必接電阻，多省事！

感溫器 (Temperature Sensor) 也類似，本身已有足夠的電阻（大約 95kΩ），不必另外再接，只要把它的三端分別接上正、負極和輸入端（一樣接在中間）即可。不過它和電位器不同的是，它不能承受 5.5V 以上的電壓，要避免使用像 9V 電池那樣較高的電壓源來給它供電。

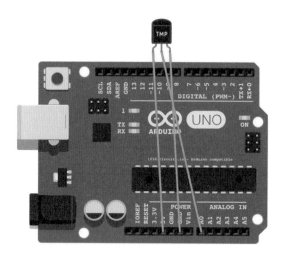

數據方面，因為溫度當然不是 0~1024 度，如果要將讀取到的數據，換算回感測到的溫度，要套用以下的公式：

$$\phi = \frac{reading \times 5}{1024}$$

$$tempC = (\phi - 0.5) \times 100$$

我們可以拿剛剛電位器的程式碼來改寫，修改迴圈的部分。寫成程式碼的話，就像這樣：

```
int reading = analogRead(A0);  // 以類比方式從 A0 端子讀取電位
float pot = reading * 5.0;
pot /= 1024.0;            // 換算成電位
float tempC = (pot - 0.5) * 100 ; // 算出感測到的攝氏溫度
Serial.print(tempC);   Serial.println(" degrees C"); // 印出結果
```

雖然模擬實驗室的零件無法實際感應溫度，但按下「Start Simulation」後，點擊感溫器，就能設定不同的環境溫度，觀察印出的感測結果。

如此依照程式去執行，你就可以利用感測到的攝式溫度，來指揮機械做你想做的事了。

光敏電阻

光敏電阻 (Photoresistor)，或者說感光器，它是一種包含兩個端子的可變電阻。不同型號的感光器，它的電阻範圍不同，以初始包附的感光器來說，在光線昏暗時大約有 500kΩ 的電阻，在光線充足時則可以下降至 24 kΩ 或更低。

由於它只有兩個端子，因此接法和前面兩種感測器不同。

我們先來看這個「錯誤示範」：

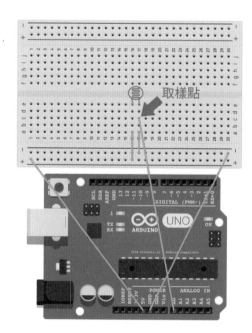

以電路圖的方式表現，就是這個樣子：

如圖所示，當取樣點和負極之間沒有電阻，無論光敏電阻 R1 如何變化，取樣點的電位還是 0V。

讀到的結果就會一直是 0, 0, 0, 0, ...。不會隨情勢而變的感測器，就失去感測器的意義了。

怎麼辦呢？我們要在取樣點通往負極的線路上也設下電阻，使取樣點成為兩串聯電阻的中段。由前面我們對串聯電路中各點電位的分析可知，如果在某一電路中，有兩個串聯的電阻，我們在中間選一個取樣點，感測到的電位，會接近電阻小的那一邊的端點電位。

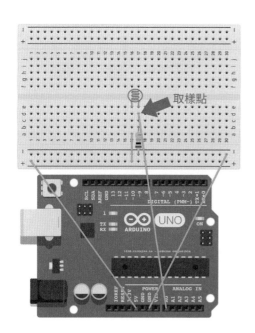

畫出電路圖，可以看得更清楚：

當光線變亮時，光敏電阻 R1 變小，取樣點的電位就會上升；當光線變暗時，光敏電阻 R1 增大，取樣點的電位就會降低。模擬實驗室中的光敏電阻和感溫器一樣，按下「Start Simulation」後，就可以調整不同的光線強度。

至於搭配用的電阻 R2 要用多大的呢？這是有彈性的，如果選取較大的電阻，感測到的電位會偏高；如果選取較低的電阻，感測到的電位會偏低。Arduino 範例上推薦 10 kΩ，不妨先照著試試看。

改作：
參考電位器和感溫器的程式碼，自己寫出讀取光敏電阻感測電位的程式，觀察不同光線和搭配電阻會在 Serial Monitor 上印出什麼數據。

敲擊感測器

敲擊感測器就是壓電器 (Piezo)，壓電器的作用是，把推拉的力學能轉換成電能，所以可以感測敲擊。它也可以反過來把電能轉換為推拉的力學能，那就是後面會提到的發音裝置。

當你去敲擊壓電器時，它會暫時性的變成一個電壓源，就像一顆暫時性的電池一樣。如果我們要採用類比讀取的方法，讀一顆 1.5V 的電池頭尾兩端的電位差，可以用下圖的電路：

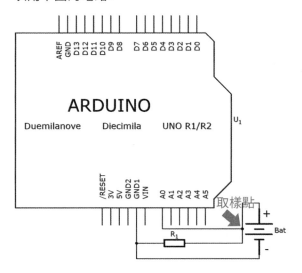

上圖中，由於取樣點和 GND 之間有連通，所以可以用 GND 為基準值 0V，來讀取樣點的電位。而取樣點和電池正極直接相連，GND 和電池負極直接相連，所以取樣點和 GND 之間的電位差，恰好就是電池正負極間的電壓，即 1.5V。如果以類比方法來讀取 A0 端子，就會讀到 307，代表電位是 1.5V。即使不放電阻，直接拿 A0接電池正極、GND 接電池負極，結果也是一樣。

我們可把壓電器當成暫時性的電池，雖然它們並不完全相同。壓電器受敲擊時，正負極間會產生或大或小的電壓。我們可以用一模一樣的電路結構去接：

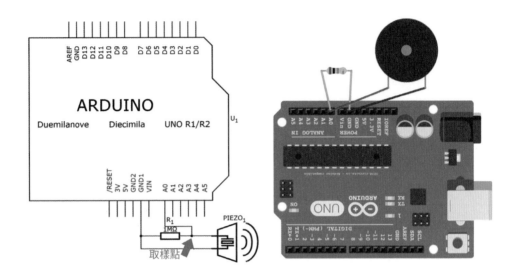

想把上面左邊的電路圖轉換為零件配置的話，可以參考右邊的排法。

但是，使用壓電器時，並聯一顆電阻就變得重要起來。上圖中，和初始包說明書中的範例一樣，電阻用到 1MΩ（100 萬歐姆），這是為了在敲擊產生較高電壓時吸收一部分的能量，以保護端子。

在壓電器受敲擊時，如果以類比方法讀取 A0 端子，就會讀到一個比 0 大的數值。究竟會多大，則要看敲擊的力道。Arduino 範例中，是以 100 當作有感測到受敲擊的閾值，100 以上才會做反應。這個數字也可以改，越小越敏感。

時間感

土系法術，除了看得見的感測器，也可以感知看不見的時間喔！

除了與外界互動的感知之外，若能知道當下的時間，在程式設計上也很有幫助，就像你出門在外，三不五時的總要看看時間，才能判斷接下來要去哪裡，還是立刻回家。

家用電器中，像烤箱、微波爐與冷氣等，都有定時的功能。如果沒有定時功能，可能就會把披薩烤焦啦！

用 Arduino 電路板做的機器人也可以感測時間，而且不需外接感測器，靠電路板本身的元件即可感知。

我們透過 **millis()** 函式，可以得到「程式開始執行以來經過的毫秒數」。因為一秒就有 1000 個毫秒，所以 millis() 的數字很容易就會很大，所以一般不會用 int 而是是用 **unsigned long** 來宣告，代表用「**64 位元非負整數**」的方式，來存取這個變數，這樣就可以儲存很大的數字了：

unsigned long currentMillis = millis(); // 設定 currentMillis 這個變數為程式開始執行以來經過的毫秒數

內建的計時器，用法很多。在 Arduino 的範例程式中，有一則「不拖延的閃燈」(blink without delay) 就有用到，有興趣可以上網搜尋來參考，網路上也有一些中文說明唷。如果你已經下載了 Arduino IDE，可以在 Arduino IDE 中點選「檔案 > 範例 >02. Digital>BlinkWithoutDelay」。Arduino 的官網上也有範例：https://www.arduino.cc/en/Tutorial/BlinkWithoutDelay。

行動

沉穩的土壤和大地，平常很少行動，但一動起來，力量卻是非凡呢。接下來，我們要來研究土系法術中與「行動」有關的咒文。

機器人怎麼行動呢？凡是把電能轉換為其他能量的動作，都是廣義的「行動」。不管是發光、發聲、還是發熱、改變關節的角度、讓馬達旋轉等等，包含了各種可能性。當你組裝不同的元件時，即可產生不同的行動效果。

從 Arduino 電路板的角度來看，要想引發一個行動，其實就得**改變某個端子的電位**。

我們先拿一個簡單的閃燈配置來當例子：將 13 號端子串聯一個 220Ω 的電阻以及一個 LED 燈，然後再連到負極 GND 端子。當我們將 13 號端子的電位提高到 5V 時，電路中就產生了電壓，LED 燈就會亮；當我們把電位降低到 0V 時，電壓就沒了，LED 燈就會暗。

程式的寫法，如下：

```
int led=13;

void setup(){
    pinMode(led, OUTPUT); // 設 led 端子為輸出
}

void loop(){
    digitalWrite(led, HIGH); // 把 led 端子的電位設成 5V
    delay(1000); // 拖延 1 秒鐘
    digitalWrite(led, LOW); // 把 led 端子的電位設成 0V
    delay(1000); // 拖延 1 秒鐘
}
```

| 1 (Arduino uno) ⌄ | ↟ Upload & Run | 📦 Libraries | 🖼 Download Code | 🐞 Debugger | 🖥 Serial Monitor |

```
1   int led=13;
2
3   void setup(){
4     pinMode(led, OUTPUT);  // 設led端子為輸出
5   }
6
7   void loop(){
8     digitalWrite(led, HIGH);  // 把led端子的電位設成5V
9     delay(1000);  // 拖延1秒鐘
10    digitalWrite(led, LOW);  // 把led端子的電位設成0V
11    delay(1000);  // 拖延1秒鐘
12  }
```

這就是一個簡單的閃爍燈光。「**digitalWrite**」，是**數位輸出**，只能設成 HIGH 或 LOW。HIGH 就是 1，LOW 就是 0，所以不論你寫：

```
digitalWrite(led, 1)// 把 led 端子的電位設成 5V
```

或是

```
digitalWrite(led, HIGH)// 把 led 端子的電位設成 5V
```

兩者都是一樣的意思。

第 1~13 號端子，與 A0~A5 端子，都可以用來執行數位輸出。13 號的特別之處在於，它有連上一個小小的黃色 LED 燈在電路板上。如果你把 13 號的電位成功設成高位 (5V)，內建的 LED 燈都會亮。

另一種設定電位的方法是類比輸出，例如：

analogWrite(9, 255); // 對 9 號端子做類比輸出，強度為 255

或

analogWrite(9, 127); // 對 9 號端子做類比輸出，強度為 127

這裡所謂的「強度」，並不是指電位，類比輸出並不是將電壓設成 0V~5V 的中間值，它的作用，是讓端子的電位，間歇性的從 5V 切換到 0V，形成脈衝寬度調變波 (Pulse Width Modulation Wave, PWM Wave)，這是一種快速切換高低電位的間歇波動。強度越大，代表有越多時間電位在 5V；強度越小，就代表有越多時間電位在 0V。你可以參考下圖：

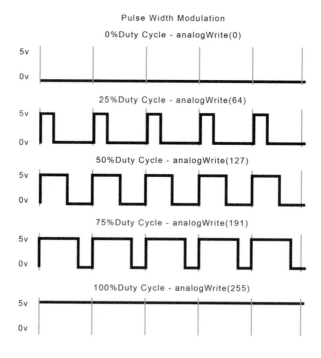

圖中有五個類比輸出的波形，其中橫軸是時間，縱軸是電位，黑色的粗線是波形。這張圖是參照 Arduino 的官網繪製的，你可以到原網站看更詳盡的解說：https://www.arduino.cc/en/Tutorial/PWM。

前面提過，只有 A 開頭的端子可以做類比輸入；可做類比輸出的端子則有 3、5、6、9、10、11 號。它們輸出的波頻不盡相同。其中最慢的頻率也有每秒起伏 490 次（490Hz），遠超出人類視覺所能分辨的速度，因此如果用類比輸出來控制 LED 燈，我們的肉眼只會覺得它有層次地變亮或變暗。詳情請見：https://www.arduino.cc/en/Reference/AnalogWrite。

接下來的單元介紹了一些有趣的元件和相關範例，你可以參考本單元的說明和網路上、《Arduino Project Book》裡的資料，想想怎麼組裝各種元件、撰寫程式碼，讓它們動起來。

LED 燈與變色 LED 燈

發光二極體（Light-emitting diode, LED） 是一種有極性的半導體元件，近年來普遍用在照明上，它順著接可以通電並且發光，反著接則否；也就是說，LED 在一般電壓下，只能夠往一個方向通電，這是所有二極性的通性。

以初始包附的 LED 來說，要接線時只要注意：5V 的電壓對 LED 來說太大了，不適合直接接在頭尾兩端，很容易就會燒壞。我們可以在正極或負極中間，串聯一個 220Ω 的電阻來降低電壓。若改用更大的電阻，LED 燈則會變得比較暗。

所有初始包中的 LED 燈之中，只有一顆是會變色的，稱為紅綠藍發光二極體（RGB LED）。變色的 LED 燈有四個端子，依序分別是紅、負極、藍、綠。接線時，和一般的 LED 一樣需要串聯一個 220Ω 的電阻，為求方便可以直接串聯在負極的後面。紅、藍、綠通常會分別接在三個不同的類比輸出端子上，透過調整三個輸出端子的強度，可以微調變色 LED 的顏色。例如把紅和藍的強度調高，綠調低，就可以讓它發出紫色的光來。

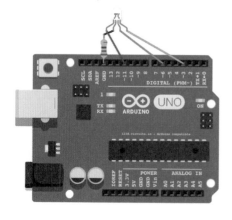

改作：
圖中的 RGB LED，每個端子都以對應顏色的電線和 Arduino 的類比輸出端子相接。你知道怎麼利用類比輸出的強度調整顏色，讓燈泡在紫色和綠色間來回閃爍嗎？程式碼應該怎麼寫呢？

發聲器

壓電器（Piezo）在當作發聲器使用時，可以透過發送 PWM 波，來使它振動發聲。它可以發單音，也可以發出音樂。

接線時，壓電器有極性，在用作敲擊感測器時，會因受敲擊而產生電壓，正負極不能亂接；但在用作發聲器時則是被動的，雖然一般來說是正接正，負接負，但萬一接反了也無妨。

聲波是空氣的快速振動，發聲需要的是振動，因此只要有一點起伏的 PWM 波就能發聲，每段波的高低不一定要很長。程式方面，有一種方法是用類比輸出，比方說：

```
analogWrite(3, 20); // 不一定要用 20，但 20 就很夠了
```

或

```
analogWrite(5, 20); // 不一定要用 20，但 20 就很夠了
```

這樣的話，內訂的 PWM 就可以讓壓電器發聲了。由於內訂的頻率不同，5 或 6 號端子可以使它發出較高的、980Hz 的聲音；3、9、10 或 11 號端子則可以發出較低的、480Hz 的聲音。像下圖這樣把壓電器接上端子，就可以在程式碼中利用類比輸出的方式，讓聲音忽大忽小不斷切換。

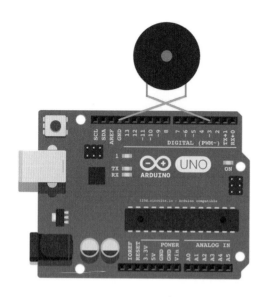

上述方法雖然簡單，但是音頻只有一種，也就是只能發單音。如果要發出不同的音高，就得捨棄類比輸出的內訂頻率，以快速切換的數位輸出來達成。

音樂的音高差異，是空氣中不同頻率的振動所造成的，440Hz 是 C 大調的 La，也就是 A 的音高，880Hz 則是高音 A，頻率差了 2 倍。A 到高音 A 之間差了 12 個半音，每高一個半音，就代表頻率乘上 $\sqrt[12]{2} \approx 1.05946309436$。這是十二平均律的基本比例，如果學樂理的話勢必會遇到。由這個比例就能算出各個音高對應的頻率，C 大調的 Do、Re、Mi、Fa、So、La、Ti 對應的符號是 C、D、E、F、G、A、B，它們各自對應的頻率，研發者已經事先計算好，我們可以直接拿現成的程式碼來修改。

程式範例請參見：https://www.arduino.cc/en/Tutorial/toneMelody。你也可以在 Arduino IDE 上點選「檔案 > 範例 > 02. Digital > toneMelody」找到範例程式碼，直接剪貼來改。

伺服馬達

伺服馬達 (Servo Motor) 的「伺服」，拉丁字源來自 Servus，本為「奴隸」(slave) 之意，代表它會聽命行事。伺服馬達有不同的種類，初始包附的伺服馬達，作用是可以依指令轉到特定的角度後停止。

我們可以把它想成能屈能伸的關節。以我們人類來說，光是一根手指就有三個關節，初始包只附有一個伺服馬達，大約能用於鎖扣和閘門，更精細的動作就不行了。

不過，萬事起頭難，也特別可貴，一旦你學會如何控制一顆伺服馬達的角度，以後要運用更多伺服馬達來創作，也就不那麼困難了。

伺服馬達的接法很簡單，需要設計的主要都屬於程式的部分。簡易接法如下：

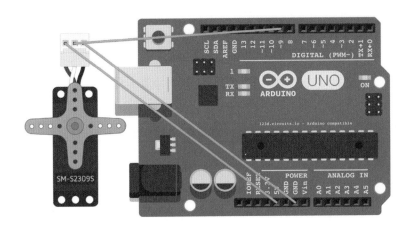

此配置的電路圖是這個樣子：

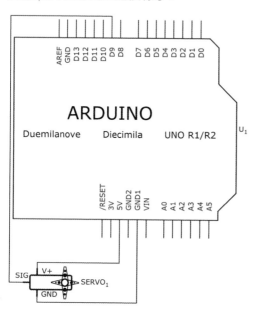

如上圖所示，只要地對地、電源對 5V、控制端對一個可以做類比輸出的端子即可。

但是，伺服馬達的電機性質比較複雜，無法直接設定類比輸出的強度，因此，我們就轉而決定它旋轉的角度。一般來說，我們要控制伺服馬達，會使用 Arduino 內建的「伺服馬達函式庫」，它預先幫我們處理好複雜的換算，我們只要呼叫上面的函式即可。載入函式庫是用 include 指令：

```
#include <SoftwareServo.h>
```

有了函式庫，要寫控制伺服馬達的程式就不難了。建議你直接尋找 Arduino IDE 裡附的範例，可以直接剪貼。「檔案 > 範例 > Servo 」裡面有兩個例子，內含完整的程式碼與解說，只需要搭配電路即可執行。你可以依此再作修改。

這個連結裡也找得到範例：https://www.arduino.cc/en/Reference/Servo。

馬達

相信大家都認識馬達 (Motor) 這個零件，它是一種電磁感應裝置，把電能轉換成旋轉的動能。馬達可以連到風扇、齒輪、捲線軸、輪子或各種傳動裝置，在居家生活與工廠生產線上都很常見。初始包除了一個齒輪，其他並沒有附上別的傳動裝置，但只要你學會如何控制馬達，之後要怎麼接傳動裝置都很自由。

控制初始包附的直流馬達 (DC Motor) 時，有幾個注意事項：

1 首先，該馬達需要的電壓比一個 Arduino 端子能提供的更高。故可用 9V 電池當作電源。

2 若在馬達和 9V 之間放上電阻，可以讓它轉慢一點。

3 使用能讓 Arduino 小電流控制 9V 電池大電流的中介元件，如電晶體 (NPN Transistor) 或光耦器 (Photo Coupler)。下圖中選用了雙極性電晶體 (BJT)。

4 當關上電源時，馬達會瞬間釋放一個大負壓，足以損害 Arduino 電路板。一個簡單的保護措施，是另外用一個二極體 (Diode) 和馬達並聯，把不受歡迎的反向電流，引導離開我們要保護的元件。

你可以參考下頁馬達的接法和電路圖。

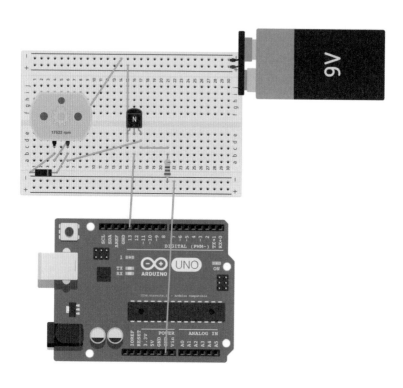

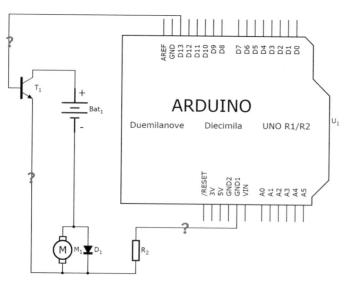

電路圖中，有問號標示的電路，是從 13 號端子出發，通過電晶體 T1 的「基極」，再從「射極」出來，經過一個避免電流過載的電阻後，從負極 GND 端子回去。以問號標示，是表示這條電路有沒有通，能決定內圈那條「從 9V 電池出發，經過馬達再回去的電路」會不會通。寫程式的時候，就可以透過控制這條電路的開通與否，來決定馬達是否運轉。

此外，和馬達並聯的二極體，性質是在順向時電阻很小，反向時電阻非常大。這裡的接線，是反著接的，在正常方向的電流下它並沒有作用，純粹是為了在負壓發生時可以將電流導引出去，遠離其他要保護的元件。有關這方面的細節，如果你已經買了初始包，就可以在《Arduino Project Book》說明書的第 9 個主題看到介紹，搜尋「pinwheel arduino tutorial」，也能在 YouTube 上找到一系列「Arduino Video Tutorial」教學影片。

液晶顯示器

土系法師除了默默行動外也懂得適時發言。只要利用液晶顯示器 (Liquid Crystal)，土系法術也像其他三系一樣，可以「印出文字」喔！

當 Arduino 採用行動電源，和電腦分離時，就無法將文字透過序列埠在螢幕上列印出來。此時只需要準備一個小型的液晶顯示器，就能讓印出文字從不可能變為可能。

和伺服馬達一樣，因為操作上比較複雜，所以研發者預先寫好了簡化後的函式庫。在程式開始處，寫上：

```
#include <LiquidCrystal.h>
```

即可引用函式庫中的工具。詳細的部分不難理解，但篇幅有點太長，在《Arduino Project Book》的第 11 個範例專題「水晶球」(Crystal Ball) 中有詳細的介紹，這裡就先略過。

你也可以上 Arduino 官網，看看其他液晶顯示器的範例：https://www.arduino.cc/en/Reference/LiquidCrystal。

思考

土，也會思考嗎？

本章講的思考，並不包含從經驗中學習的人工智能，指的就是執行一支設定好的程式，通常是對輸入的資訊加以處理後，判斷如何輸出。

我們在水系法術中已經學過四則運算和各種邏輯結構，這些在 Java 上都可以寫，頂多只是語法上的不同，以下簡單帶過幾個例子。

宣告變數：在 Java 裡，宣告變數的同時要指定它的型別 (type)。一般來說，用 32 位元整數就很夠了，所以範例中也使用 int 來宣告。但是，帶有小數點的浮點數，就不能用 int，因為 int 代表 32 位元整數，不包括小數。要宣告浮點數的變數，通常是用 **float**。至於數字可能會非常大的變數，例如毫秒計算的時間，則用 long 或 unsigned long。

若想了解所有 Java 的基本資料型別，請參見：

https://docs.oracle.com/javase/tutorial/java/nutsandbolts/datatypes.html。

註明型別的宣告，例如：

```
int led = 13;
int happy = 1024 * 768;
float pi = 3.14159; // 定出近似值
unsigned long time = millis();
char c = 'a'; // 字元的寫法是用單引號
```

如果要宣告一個 Java 的串列，用的是其元素的型別，例如：

```
int list[] = {1,1,2,3,5,8,13}; // 一串整數
```

```
char hello[] = "Hello, World"; // 字串是字元的串列,寫法是雙引號
```

提取串列中的元素時,就不必再註明型別了,例如:

```
list[0]; // 取 list 的最前面(第 0 位),這裡是「1」
hello[1]; // 取 hello 的最前面再往後 1 位,這裡是 Hello, World 中的「e」
```

Java 也可以跑 for 迴圈,例如:

```
for (int i = 0; i < 8; i++){
    // 迴圈內部會執行 8 次,每次的 i 值分別會是 0,1,2,3,4,5,6,7
}
```

也可以自訂函式,只是要把函式的輸入、輸出值的型別都註明上去,例如:

```
void my_funciton(){   // 無輸入、無輸出的函式
    //...
}
void my_funciton2(boolean x, boolean y){   // 輸入兩個真假值、無輸出的函式
    //...
}

float my_function3(int x, int y) {   // 輸入兩個整數,輸出一個浮點數的函式
    //...
}

boolean my_function4(int x[]) {   // 輸入一個整數串列,輸出一個真假值的函式
    //...
}
```

至於你要如何控制結構與函式組合及應用，方法不下千百種，不勝枚舉。Arduino
的範例中有許多頗具參考價值的例子可以練習，其他的就請你自己從經驗中學習
囉！

出題目給自己練習

如何設定一個主題，給自己當練習呢？不妨參考仿、創、改三種角度的嘗試。

「仿」就是模仿，其中一種是去找 Arduino 說明書的範例，或是上網查詢他人的作品以及其中的程式來模仿；另一種是模仿日常生活中你看過的東西，例如計時器，然後用 Arduino 實際做出來。

即使達到了專家的程度，「仿」也有其價值，例如有一門先進的學問，叫「仿生學」，即是透過研究生物的生理結構，來製造與牠相似的機器人，例如蜻蜓型或蟲型機器人等等。

「創」就是把自己想到的點子落實成可見的作品。你的點子可以天馬行空，但為了要落實成真，就要盤點一下自己目前能夠掌握的工具和知識。比較龐大的點子，例如「桌球檯一樣大的幽浮」、「可以自動去火場救人的消防機器人」、「像蟻群一樣可以合作的機器昆蟲群」等等，只要你有創意、有觀察力，很容易就可以想到，但在入門階段想要將它們實際做出來，完全不可能，非得大幅提升自己的程度，才有一絲機會實踐這麼大的計畫。

提升程度不是一天兩天的事，該怎麼做才好呢？當發現目標與程度的落差太大時，你可以試著將目標縮小，例如變成「圓盤型飛行器」、「火焰警報器」、「兩個可互相通訊的機器人」等，讓目標簡化至離自己的實作能力不會太遠的程度。

這麼做的好處是：先把離自己程度相近的主題實際做出來，實作能力就會進步，經由一點一滴的累積，說不定有一天就能夠做出當初遙不可及的構想。

「改」就是修改。先從自己做過的，或是別人做好的作品中，去進行局部修改。Arduino 說明書中的範例，都很適合初學者做修改練習。你也可以在 Circuits.io

和 Tinkercad 上用關鍵字查找其他人做的專案和 Autodesk 提供的範例。看範例並不是照著組裝完畢、確認能動就足夠了，最好還要嘗試**進一步修改**，你會發現從中得到的樂趣和學到的東西，比單純照著做還要多很多。

修改的方向有很多，舉凡**感知、行動、思考**都可以做局部修改。有一個範例是用感光器來控制變色燈，我們把它改成用手旋式的電位器來控制，有何不可？有個範例是一閃一閃的亮燈，把它改成發出一陣一陣的聲音，又有何不可？

至於思考的部分，也就是屬於**程式層次**上的設計，修改的彈性也很大，想到點子就盡量改吧！

／給新手法師的常用咒文表（土系）／

單位字首：

英文	中文	說明	符號	例子
giga	十億	十億	G	十億位元組 GB
mega	百萬	百萬	M	百萬位元組 MB
kilo	千	千	k 或 K	千歐姆（1kΩ）、公里（km）
milli	毫	千分之一	m	毫安培（mA）、毫秒（ms）
micro	微	百萬分之一	µ	微秒（µs）
nano	奈	十億分之一	n	奈米（nm）

常用單位：

英文	中文	說明	應用
Electric Charge	電量 (電荷)	電荷又稱為電量。一個物體帶多少電，是由其中所有粒子所帶的電量加總起來決定的。電量的單位是庫侖（C）。	一個閃電大約有 15C~350C 的電量；一般的 AA 電池大約可釋出 5000C 的電量。
Energy	能量	焦耳 (J)。	1J 的能量若用來發熱，足以讓 1 克水在一大氣壓下，上升 0.239 度。
Electric Potential	電位 (電勢)	電位又稱為電勢，單位是伏特（V）。 電位代表釋出電的潛勢。以靜電來說，帶正電越多的地方，電位越高。	從正極到負極間，每經過一個電阻，電位就會下降。
Voltage	電壓	兩點間電位的差距，稱為電壓。電壓的單位也是伏特（V）。 電位的差距，足以使得電荷通過它們中間時，釋出能量。 1V 表示每 1C 的電通過時，會產生 1J 的能量。	9V 電池的正負極，中間的電壓就是 9V。
Current	電流	代表每秒通過的電量。單位是安培（A）。 1A代表每秒通過1C的電量。	家用電箱上各開關都有可承受的最大電流，常見的是 20A 或 30A。超過上限時，保險絲會將

			電路切斷。
Resistance	電阻	代表阻擋電流的程度。單位是歐姆（Ω）。 1Ω 代表在需要 1V 的電量才能使 1A 的電流通過。	不同物體的電阻差異很大，小到 0.01Ω，大到 1MΩ 都有可能。
frequency	頻率	代表每秒的次數。單位是赫茲（Hz）。 人能聽到的聲音頻率大約在 20Hz~20kHz 的範圍。	飛行中的蜜蜂，翅膀拍打約有接近 400Hz 的頻率，可發出人耳能聽得到的聲音。

Java + Arduino：

咒文	英文	中文
void	function that returns nothing	無傳回值函式
setup	setup	初始設定
loop	loop	迴圈
int	int	32 位元整數
long	long	64 位元整數
float	floating number	浮點數
char	character	字元
boolean	boolean	布爾值（真假值）
unsigned	unsigned	無負號
Serial.begin	begin serial	開啟序列埠通訊
Serial.print	print to serial	向序列埠列印
Serial.println	print line to serial	向序列埠列印一行
pinMode	pin mode	端子狀態
INPUT	input	輸入

OUTPUT	output	輸出
digitalWrite	digital write	數位輸出
analogWrite	analog write	類比輸出
digitalRead	digital read	數位讀取
analogRead	analog read	類比讀取
HIGH	high	高
LOW	low	低
delay	delay	延遲

╱可以嘗試的下一步╱

本書的土法術交代到尾聲了，剩下的路，就靠你自己去學習了。

❶ 上 YouTube 觀賞「Arduino Video Tutorial」系列英文教學影片，可以點選右下角的字幕鈕，搭配英文字幕慢慢觀看。

❷ 附在初始包中的英文說明書《Arduino Project Book》，其中包含了一系列可以實際操作的範例作品與解說，也包含了電路與程式碼，可以優先選擇感興趣的主題來做。

❸ Arduino 也將不少 Arduino IDE 裡的範例都放上了官網，你可以在這裡找到：https://www.arduino.cc/en/Tutorial/，分為「BUILT-IN EXAMPLES」和「EXAMPLES FROM LIBRARIES」。

附錄一：一些你可能會好奇的事

如果看完整本書，還是不會寫程式，怎麼辦？

其實，寫程式是一種技能，需要實際動手操作，才能累積一手經驗。書是二手的。就像食譜書，讀者並不是看完就會做菜，要真的去做、去試，累積了一手經驗，書上的二手知識才能發揮其價值。

為什麼使用別人寫好的程式很簡單，設計程式卻比較難？

一般來說，當使用者總是比當設計者容易。許多領域都是這樣，吃菜容易炒菜難、買菜容易種菜難、用電容易發電難、看電影容易拍電影難、滑手機容易設計手機App 難。

不過，現代的程式語言，也是從較低層次的程式語言中演化出來的。人要讀寫現代的各種高階語言，已經比早期的程式語言簡單了很多，像最早的某些語言，光是寫加減乘除的自動計算，就很費工夫呢！因此，我們也是開發環境、高階語言的使用者，受惠於前人的成就，走在不那麼艱辛的道路上了。這樣想，心就寬啦。

為什麼這本書的「改作」都沒有附解答呢？

其實，程式設計的題目如果有附解答，但沒有詳細說明，對學習者來說幫助就不大，不如一個「範例」來得好；如果題目有附解答加上說明，那不如就乾脆直接寫進內文當「範例」。

事實上，大部分的問題，並沒有標準解答，方法不只一種。如果作者給了特定一種答案，當作標準解答，更多的可能性難免會被忽略。所以，請讀者還是自己去試試看吧！就算試了幾次還試不出來，摸索的過程就很有價值。失敗為成功之母，多用不同的方法嘗試，學到的東西，也是比直接看解答來得多。

我好像學會了一些東西，但過陣子又忘了，怎麼辦？

遺忘是正常，多用就會記得了。過時的、不好的方法，忘掉最好。實際的、常用的方法，越練自然越熟。

就拿打電動當比喻。如果你每天打某款電玩，對遊戲裡面的角色、道具自然就會很熟悉，也不必死背。所以，寫程式也是一樣。不必死背，只要常常寫、常常自我學習，自然就會日漸熟悉，不容易忘記了。

我照著書中的程式碼去寫，可以跑出效果，但我還是不明白每行的意義為何？

這種情況有兩個方法。第一個方法是，把程式中不懂意思的字句，當成關鍵字，上網去查，可以查到比較詳細的說明。第二個方法是，針對想了解的部分，嘗試局部修改，一次只改一段程式碼。然後，讓電腦跑跑看，留意觀察修改之後的結果，和修改之前有什麼不同，就能推敲出你所改的那一段程式碼是什麼意思。

水、風、土三系的範圍都很不一樣，我一定要都學嗎？

當然不一定。你有自由去決定自己的方向。建議先朝有興趣的方向發展，專注在有興趣的法術系統，來深入學習。

深入學習時，暫時不管其他系也沒關係，只要對它們有一點點概念即可。

因為，一個人一次只能雕琢一件作品。所以每次集中學習一個系中的一個區塊，也是好的。

開場白「普格碼」島上的那些法師，究竟代表什麼？

每位法師都代表一種程式語言或應用方法。

● 火之森林的四位：Scratch（入門用）、 CSS（排版用）、 Flash（動畫用）、OpenGL（繪圖用）。

● 水之海灘的五位：Haskell（抽象）、Perl（高強）、Python（簡捷）、Ruby（靈巧）、 R（統計用）。

● 風之雲端的三位：HTML（結構）、 CSS（樣式）、 JavaScript（功能）。

● 土之山洞的兩位：Arduino ＋ Java（基礎）、 Arduino ＋ Scratch（簡便）。

● 中央大石的五位：C（快速）、 Lisp（彈性）、 Fortran（第一個高階語言）、Assembly（低階語言）、 Machine Language（只用到 0 和 1）。

以上作者為每個語言附註一個中文單詞或短句點出特性。這當然不能道盡所有該語言豐富的內涵與特色，只是希望讀者不會霧裡看花，可以留點印象而已。

有沒有人用中文寫程式呢？

「周蟒」是一個中文程式語言例子，它其實就是 Python，只是把代碼從英文改成中文，讓你能用中文寫程式代碼。

雖然周蟒並不常用，但是看過周蟒寫的程式，可以體會到，程式的重點在邏輯結構，而不在代碼的表象，也未必只能寫英文。代碼是何種語言都有可行性，甚至像Sikuli 這種語言可包含圖片，也都是有可能的。

像火系的 Scratch 那樣拼圖寫程式很方便，為什麼不把所有程式語言都改成只要拖放拼圖，就能寫呢？

其實，拼圖寫程式只有在設計比較簡單的結構時才方便。複雜的結構下，拼圖反而不如打字。為什麼呢？

我們用作文來類比就很清楚，如果用「許多字卡，相互組合」的方式來寫作文，的確很快就可以造出「今天」「我」「去」「公園」「玩」這樣的句子，也可以拼出文章。

如果要寫比較長的文章、要精準的表達你的想法與感受，數量有限的字卡顯然不夠。但是，如果要把整個字典都變成字卡，查找起來，又太困難。還不如就拿一張白紙和一枝筆，就這樣把想到的寫下來，忘記的字，再查字典即可。

同樣的道理，程式語言也是跟表達的主題與可用字庫的大小有關，字庫越大，越不適合做成拼圖字卡。字庫小的才適合。

如果我想寫一支電腦遊戲，要怎麼起步？

電腦遊戲有很多種，有些遊戲像俄羅斯方塊，不需要大量的圖片與動畫，比較可能獨立完成。

創作小的遊戲，可以先從 Scratch 開始。等到覺得想要做的東西已超過 Scratch 適合表達的範圍，再換語言不遲。

那些需要較多圖片、動畫、對白、聲光效果佳的遊戲，則通常需要一整組的人來共同協力，可能是一家遊戲公司，或是網路上的開放源碼社群，就不是一個人適合自己從頭做到尾的了。

與人合作協同開發好嗎？程式一改再改，有不同版本，怎麼管理呢？

協同開發是很好的事。你會因此跳出自己的習慣，跟人一起交流創作的想法與細節。不過同一份程式碼同時被多人編輯，就容易有大家同時存檔覆蓋檔案的問題，所以需要好好控管版本。

目前最通用的版本控管工具，是 Git 版本控制協定，和以 Git 為基礎的 GitHub 服務平台。打「Git」、「GitHub」關鍵字可以找到相關資源。

火系法術有什麼可以進階的方向嗎？

雖然這本書介紹的拼圖式程式語言 Scratch 比較簡單，其實著重效果的火系要做得專精，也是可深可廣。

例如動畫設計、資訊視覺化、立體特效、虛擬實境、擴增實境等效果設計，都是值得鑽研的領域。

不過，雖然這些效果都很炫，如果想要學習它們，一次選一項深造較好，以免貪多嚼不爛。

水系法術也可以算三角函數和微積分嗎？

三角函數在大多數程式語言中，是屬於內建函式，可以直接引用。微積分就比較難了，因為它處理的問題涉及「連續量」，而一般電腦的計算單位，基本上都是「離散量」。

比較能做的，是計算近似值的「數值微積分」。只要控管好誤差範圍，計算近似值其實是很實用的。例如，某些積分的問題的解，基本上不能寫成基本函數的組合。由電腦計算近似值的方法，正好能在可接受的誤差範圍內解出這類問題。

水系法術中，除了計算和讀寫檔案，也可以跟使用者互動嗎？

當然有跟使用者互動的方法，而且有很多。例如一般人熟悉的「圖像式使用者介面」（Graphic User Interface, GUI）、開發者較常用的「命令列操作介面」（Command Line Interface, CLI）、間接透過別人的程式當中介的「應用程式介面」（Application Interface, API），以及架設「網路伺服器」（Web Server）等等。

風系法術談的是網路，我常看「網路」、「Internet」、「WWW」這些詞，它們有什麼不同嗎？

其實「網路」的概念包含了網際網路（Internet）和全球資訊網（World Wide Web, WWW）。

Internet 是一種電腦網路和電腦網路相連的方式，可以跨國界傳送訊息；WWW 是 Internet 的一個應用。其他的應用，例如 E-mail，它的收發系統和我們瀏覽網站的 WWW 是不同的。

風系法術中，CSS 為了寫跨瀏覽器，一件事要重複寫好幾行，要改也得一次改好幾行，有沒有解決之道？

這就是為什麼有人發明「語意優異樣式表」（SASS）、「SASS 型態的 CSS」（SCSS），讓人能用更簡潔抽象的方式去寫樣式。

以 SASS 和 SCSS 當關鍵字就能查到入門的解說了，有興趣的話就去學它們吧！

SASS、SCSS 是很便利的進階樣式工具，等你寫多了 CSS，覺得重複的程式碼太多，不好管理，開始感到厭煩時，再學就行了。

如果你原本就有許多的 CSS 程式碼，那麼從 SCSS 上手較好，它們之間完全相容，你可以剪貼整份的 CSS 程式碼到 SCSS 程式碼中，都不會有問題。

「App」和「API」是什麼意思呢？

App 是 Application 的縮寫，即「應用程式」的意思。通常是具有某種明確的功能與用途的工具，讓一般使用者可以直接操作來達成目標，而且具有比較易懂易用的使用者操作介面（User Interface, UI）。

API 代表 Application Interface，即「應用程式間的介面」。API 只作用在程式與程式之間，使用者不會直接看到。

當我們要用現成的函式庫、框架或是第三方網路服務時，通常都會需要去了解它們的 API 要如何寫，才能與它們連上線。

同樣的，如果你要研發函式庫、框架或是第三方網路服務，也需要設計 API 提供給使用它們的程式設計。

風系法術中，沒有提到手機與平板 App 的設計，如果我想學這個領域，該怎麼上手呢？

每種手機的作業系統都不同，開發該款手機時使用的語言也不一樣。像 iOS 目前是 Swift；Android 是 Java 配上 Android SDK；Windows 8 可用 JavaScript ＋ HTML。其他平台則可以輸入平台的名稱，配上 Developer 當關鍵字去查，即可找到教學指南。

也有 PhoneGap、Cordova、Ionic 這類工具，讓你用 HTML ＋ CSS ＋ JavaScript（或 ＋ AngularJS）和開發網站一樣的語言來寫手機、平板 App。

這些工具做的是把你的作品轉譯、打包起來，優點是，你可以用寫網頁的程式語言來開發不同平台上的 App，不必另外再多學兩種語言，也不必為每種平台各寫一支程式；缺點是，有些只有行動裝置才有的功能，即使有辦法寫，你也可能會因為寫網站的既有習慣而將之忽略。

風系法術中，如果我想學架設即時互動工具，要怎麼上手呢？

可以先寫純前端，然後使用有即時資料傳輸的後端服務，例如 Firebase。去讀它的 API（程式介面）怎麼寫，上面會有範例，等讀懂之後，照著改就行了。

寫過一些平台之後，如果想自己架設伺服器，再去學如何架設伺服器。

風系法術要練習多久才能學架設伺服器？

等你覺得想學，或是有立即的應用時，再來學就行了。

能架設伺服器的語言不少，如果已經學過前端設計，可以從 Node.js 上手當作第一個後端語言。因為它的語法架構和前端的 JavaScript 一模一樣，只需要在這樣的基礎上加入一些新的概念和新的模組就可以，不必連語法也從頭學起。

一開始可以先用「本地主機」當練習，自己跟自己連線。

如果想學風系法術的後端語言和資料庫，該如何上手？

建議使用現有的成形系統來做修改、延伸。首先，要了解大家在這個範圍通常想做的是什麼事，而不是直接從頭學起。當語法或基本概念不懂時，再回頭來學基礎也不遲。像 Drupal、WordPress、MediaWiki 都是很好的已成形系統，可以讓你更容易上手。

土系法術中，Arduino 機器人一定要一直連著電腦嗎？

不一定，它可以換成 7V~12V 行動電源，用電池供電。這樣你就可以把程式送上 Arduino 的中央處理器後，再換成行動電源，脫開電腦讓它自己跑。

要做車子、飛行器等會移動遠距的機器時，先讓 Arduino 換成行動電源，這樣才

不會被 USB 線限制行動。

你可上網查「arduino 行動電源」即可找到相關的訊息。

土系法術使用的 Arduino 上面有序列埠，可以雙向通訊，我能利用它做什麼？

你可以透過序列埠，由電腦或網路控制 Arduino，而且 Arduino 感測到的資訊，也可以傳回電腦來處理、儲存。

只要可以控制序列埠的程式語言，都可以做到這件事，像 Perl、Python、Ruby、Node.js 等等，很多語言都可以做到，只是需要自己去查怎麼實作。其中已經寫好、適合入門的實作之一，是 Scratch for Arduino（s4a），透過序列埠傳輸，讓我們能用第一章火系法術入門的 Scratch 拼圖寫程式語言，來控制 Arduino。

至於要用網路控制的話，就難一些，需要架設伺服器才能辦得到。

土系法術中，如果和電腦脫開，序列埠斷了，有別種雙向通訊方法嗎？

有的，就是我們現在很常使用的無線通訊。常見的方法有三種：

1 藍牙：適合近距離的通訊。

2 WiFi：連線的距離可以遠一點。

3 3G/GPS：和 3G 手機一樣，可以直接上網。並可用衛星定位它所在位置的經緯度。

Arduino 要做以上任何一種，都需要另外加購、安裝硬體模組。你可以輸入關鍵字查詢。另外，有一種 Arduino 系列之一的電路板 Arduino Yún（雲），本身就可以連上乙太網路和 WiFi，也可以用來當伺服器用。

無論用什麼方法，只要是讓 Arduino 和電腦互相通訊，電腦端也要寫相應的程式

來處理訊息的收發。近期流行的名詞「物聯網」（Internet of Thing, IOT），是讓各種裝置物件互聯互通的網路，Arduino 和電腦的通訊也是其中一種應用。

土系法術中，初始包並沒有附傳動裝置，如果想做車子、輸送帶、飛行器，要怎麼找傳動零件？

套句老話，方法不是只有一種。

其中一個方法是，先找離目標較接近的成品，例如想做玩具車，就找一台以 Arduino 為基底的玩具車，拆解下來研究之後，再改裝感測器、程式或結構。

另一個方法是，把你的目標先畫成草圖，分析它跟你現有的零件差了哪些，再逐個零件去買。如果不知道草圖如何設計，可以參考有關介紹傳動裝置、Arduino 機器人的專書或網站，可以讓你得到不少靈感。

Arduino 可供改裝的成品以及相容的零件，有許多地方和網站可以買到，例如：
1 http://www.playrobot.com/。
2 https://store.arduino.cc/。
3 各種網路相關商品的賣場。
要找到你想要的零件就是要花時間，一開始會有點麻煩。

不少有經驗的玩家也會想自製零件。如果你想學自製零件，可以考慮學 3D 設計，以及學習如何使用 3D 印表機把作品列印出來。如果能在自家附近找到自造者空間（Maker Space），不妨先向空間借 3D 印表機。

人工智能進步神速，據說類神經網路是重要的一支，要如何上手學習它呢？

作者的專長領域不在人工智能，只能提供一些入手的方向。如果想接觸類神經網

路領域，可以參考以下網站：

1 彩色的類神經簡易實驗室：http://playground.tensorflow.org/。

2 《類神經網路與深度學習》線上書：http://neuralnetworksanddeeplearning.com/。

3 相關論文與程式集錦：https://github.com/kjw0612/awesome-rnn。

如果我想更專精，可能會經過哪些過程？

剛開始，你可能會先找到自己感興趣的一、兩種程式語言。

再來，你可能透過網路資源自學，通曉它們，直到可以拿來解決實際問題的程度。而為了解決實際問題，自然而然的，你可能又會再接觸到另外一兩種程式語言。

如果要再往前進展，可能你會參與程式語言設計師社群，看看哪些是這群人熱門交流的話題，並嘗試和其他人共同開發作品，從這過程中逐漸達到個人專精的程度。

之後，你可以考慮研究工具本身，改造你的編輯器，甚至嘗試研發新的語言。

如果想要深造，除了實際操作的經驗，也要留意知識層面的吸收。

知識與經驗還是可以兼顧的，不斷創作可以把會做的事做得更熟練。但如果要做出原本不會做也沒做過的事，平常累積的知識底子就會有很大幫助了。

像與火系相關的，例如設計學、動畫學、廣告學、心理學等；與水系相關的，例如數學、資訊科學、統計學、機器學習等；與風系相關的，例如心理學、網路社會學、社交介面設計等；與土系相關的，例如電機工程學、物理學、機器人學等。

附錄二：孩子學程式，家長可以怎麼支持呢？

如果您是想讓孩子學程式的爸爸媽媽，這一章主要是寫給您和孩子共同閱讀的。

孩子如果能靠自己的力量，透過閱讀、實驗、上網查資料、參與社群、找朋友一起玩等方式，不必上課也能自學程式，對父母而言，當然是省時、省力又省錢。

不過，萬事起頭難。直接把一本入門書丟給孩子，除非他本身特別有興趣，又特別擅長閱讀，否則很難就這樣啟動孩子「自學」的機制，把它全部學起來。一開始，多少還是需要家長的陪伴和協助。

您不一定需要有資訊專業的背景，也不必念過理工科系，只要在起步階段，多花一些時間陪孩子學習，對他而言都會很有幫助。

因此，在把本書交給孩子之前，請先花一點時間，讀過本章。

讓孩子駕馭計算機，而不是當一台計算機

為什麼要學習寫程式呢？

「printer」一詞，以前是指印刷員，要拿活字排版，是一項專業。但現在「printer」指的是一台機器，也就是印表機。工具節省人力、機器取代人力，這是一個產業鏈演化的趨勢。

如果現在還要孩子花很多時間和力氣去學習活字排版，並學到專精，是很奇怪的事，因為機器已經可以做得更快、更準確、不會累也不必發便當和薪水，只要供電

就能動。

工具節省人力、機器取代人力，這樣的演化，也發生在數學的學習上。

初等算術，現在普遍都是交給計算機，複雜一點的就交給設計過的電腦程式去做了。換言之，只要能寫出正確的電腦程式，實際的計算就不必自己動手了。自己動手的只是為了學會、理解一個概念和作法，所以不必達到百分之百的精確以及高速的效率，畢竟機器在這兩方面都做得比人好。

例如，要算 2000 筆資料的平均數，會有人想用手算嗎？恐怕是沒有。

但是，只要給它一行程式，就可以幫你算出這麼多資料的平均數，不到一秒就能跑出結果來了。

由此可知，在電腦發達的今天，與其讓孩子練習大量的計算，不如引導他學習怎麼寫程式，叫電腦來執行計算。如此，孩子才能駕馭計算機，而不是變成一台無法比得過電腦的計算機。

孩子寫程式有什麼好處？

學程式雖有各種好處，但還是要有興趣、有用途才好。不一定越早學越好。

程式的技術日新月異，五年前好用的工具，現在未必還是主流。基本雖然一樣，但是上頭是變化萬千。

如果是孩子自己有興趣、有目標的在學習，遇到難關也會去克服。但是，如果孩子是被迫學習的，完全沒有自己的動機，這樣就很難有好成果了。

學程式有種種好處，具體來說：

1 程式有助於學習「解決問題」和「叫電腦解決問題」的能力：在學齡階段，大部

分的孩子被養成了一種「要自己單獨解題的習慣」，而不是設計程式叫電腦解題。如今除了可以自己解題外，也要嘗試學習寫程式讓電腦來幫你解決問題。

2 寫程式有助於學習「上網自學」的能力：上網查資料大家都會，但要查到你所需要的資料，還能看得懂資料，並且應用在自己的創作上，就不是一件很容易的事了。寫程式一定會經歷到許多上網查資料、再應用於創作的過程，有助於培養上網自學的能力。

3 寫程式有助於學習數學：要把程式寫好，需要的邏輯思維，和做數學推理很像。相對於目前許多數學考試只要結果不管過程，寫程式就不能這樣，一定要過程和結果並重，如果寫不出合理的過程，也就算不出正確的結果。因此，把程式寫好，對於數學邏輯推理能力，會有相輔相成的作用。

4 寫程式有助於學英文：目前程式設計領域的主導語言是英文，要查資料時常常會遇到全英文的資料。平常學英文因為沒有實用的需要，通常不會主動練習和深化；但是為了要寫出想要的程式、為了查到相關的資料、為了把它讀懂，就會有動機去查生字。學以致用，用以治學，用得上就學得快。

5 寫程式有助於學作文：作文是寫給人看的，程式其實也是寫給人看的。程式寫得好不好，不只是看電腦能不能跑得很順，還要看它能不能寫得讓人好理解、好修改。作文著重「信、達、雅」，在寫程式的時候也完全一樣，電腦能跑是「信」，讓人好懂是「達」，不僅好懂還有美感就是「雅」。

6 寫程式有助於學習面對錯誤：一般的考卷，錯了就打叉扣分，是否要訂正則不一定，而且訂正時還有標準答案可以抄，所以不一定學得到東西。

程式就不一樣，常常一出錯就會整個動彈不得，非得找到問題點，靠自己的力量把它改正才行。改正的過程沒有標準答案可以抄，得自己去查、去試，所以每次都可以學到東西。

程式寫到一定的規模，一定會遇到出錯（bug）。怎麼偵錯、怎麼規劃程式碼使錯

誤容易發現等,這些技巧都會隨著實際操作經驗增加而累積。

孩子寫程式代表未來要當 IT 工程師嗎?

完全不一定。程式設計的思考方式與技能,不一定只有當資料科學家(Data Scientist) 或資訊工程師(Information Technology Engineer)才派得上用場。舉凡需要做資料處理、或是有自動化作業需求的工作,像是科學家、分析師、設計師、記者、教師、律師、經理、業務員等等,如果具備了寫程式的能力,都是很好用的第二專長。社會參與和公民運動也很需要資訊科技。

就像在讀寫教育尚未普及前,識字、能讀會寫,是很有用的技能,它不一定是第一專長,但是能讀會寫的人,就會在知識的學習與傳達上多了一些優勢。讀寫幾乎可以搭配所有領域的專門知識。

同樣的道理,學習寫程式,並不會局限孩子的生涯發展只能是 IT 工程師,而是讓孩子本身的學習思考可以更有理路,也更懂得善加利用「電腦」這個工具,可以說是資訊時代的「讀寫技能」,可以應用在各種專門領域而得心應手。

家長本身不會寫程式,要怎麼陪孩子學習呢?

家長不需要資訊背景或理工背景,陪伴也不需要是專家,完全不會寫程式也幫得上孩子很大的忙,例如:

1 英文協助:可以幫孩子翻譯說明文件、互動教程(tutorial)。在孩子的英文閱讀能力還不是很強的時候,這幫助真的很大。

2 當試用者:當孩子的第一個觀眾,聽他講他的思路,看他的作品,適時讚美他,並提供疑問或是改良的可能。

3 社群參與協助:有些交流問答的社群網站有年齡限制,例如臉書限制在13歲以

上，你可以站在家長的位置，替孩子在社群上發問。

孩子可以完全靠自己來自學程式嗎？

可以說是，但不完全是。

要學寫程式，的確不必透過課堂。書、網路上的互動教程、說明文件、社群討論，都是別人的經驗傳承。在程式領域上，工具的更新相當快，對新工具的掌握，也不能依賴課堂或任何單一的老師，自己查網路的能力是必要的。

但是，每個人的初學階段，都需要從前人的經驗與知識中，學會如何學習這個領域。所以，無論在課堂或社群，找到好的典範人物，從對方身上，學習做事情的態度以及程式領域的學習方法，也是很重要的。

家長如果不會寫程式，怎麼知道孩子學到什麼程度？

如果本身不會寫程式，只看作品的表面，可能無法判斷它的難易度。

怎麼辦呢？還是有別的辦法，例如，您可以聽孩子講述他的作品結構，作法是請他畫一張結構示意圖，並向你解說。

看示意圖和聽解說，大概就能明白該作品的結構和它的複雜度。能創作複雜度越高的作品，還能保持有條有理，那就是進步了。

孩子學程式，需要注意什麼呢？

常言道：「父母唯其疾之憂。」身體健康最重要。孩子能夠學到多精深，可能還是次要的事吧！

如果長時間用電腦寫程式，要留意的是傷眼、傷手、傷脊椎、思慮過度等。

在眼睛的保養方面，可以每工作一小段時間，就離開電腦桌，動一動身體，讓眼睛觀看遠方一段時間，並以手放在眼睛上閉目養神 3~5 分鐘，這樣可以緩和眼睛的疲勞。

還可以練習把「構想程式」和「寫程式」分開進行。

「構想程式」可以離開電腦，邊走邊想，也可以拿紙筆把想到的結構畫成草圖。起草時不必用電腦。構想清楚，有了執行目標之後，再開電腦寫程式，就可以省掉眼睛的一些負荷。

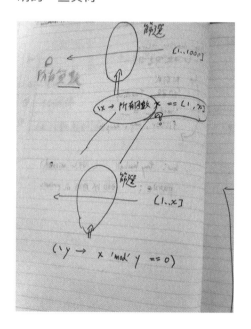

切記不要一面寫程式，一面掛在社交網站上聊天。否則不知不覺時間就會過去，而疲勞卻是雙重的。

設備的部分，電腦螢幕如果太小，或是編輯器的字體太小，眼睛也容易疲勞，這時

可幫孩子調整成大一些的螢幕，對視力會好很多。

另外，可以嘗試在電腦前先把螢幕關掉，專心調整所有配件的位置，使之符合人體工學。

此外，就是頭部與身體運動、睡眠的協調。寫程式相當花腦筋，集中精神寫起程式來，不知不覺就會忘記時間，可能需要自訂鬧鐘來打斷，或是有自覺的活動轉換。在作息上搭配適度的運動和放鬆，並且充足的睡眠，才能健康、自由的去創作。

圖片來源

本書中所引用之商標、產品名稱分屬各公司所有，本書引用純屬介紹之用，並無侵害之意。

本書引用截圖與圖檔來源如下：

1 Code.org：https://code.org/。

2 Scratch：Scratch 是由麻省理工學院媒體實驗室終身幼稚園組開發，網站為 http://scratch.mit.edu。

3 Tutorials Point：https://www.tutorialspoint.com/。

4 Rextester：http://rextester.com/。

5 JS Bin：https://jsbin.com/。

6 Autodesk Circuits.io：https://circuits.io/。

7 Arduino AG：https://www.arduino.cc/。

其餘未特別標註來源之圖片，皆為公開授權圖檔，或由作者、繪者、編輯團隊繪畫製作。

Hermes 017

普格碼島的法師：
歡樂自學寫程式

作者：唐宗浩
繪者：61Chi
責任編輯：張雅涵
編輯協力：楊子程
設計：林育鋒
內頁排版/製圖：許慈力
校對：呂佳真

出版者：英屬蓋曼群島商網路與書股份有限公司台灣分公司
發行：大塊文化出版股份有限公司
台北市10550南京東路四段25號11樓
www.locuspublishing.com
TEL：(02)8712-3898　　FAX：(02)8712-3897
讀者服務專線：0800-006689
郵撥帳號：18955675　　戶名：大塊文化出版股份有限公司
法律顧問：董安丹律師、顧慕堯律師
版權所有　翻印必究

總經銷：大和書報圖書股份有限公司
地址：新北市24890新莊區五工五路2號
TEL：(02)8990-2588　　FAX：(02)2290-1658
製版：瑞豐實業股份有限公司

初版一刷：2017年8月
初版三刷：2018年4月
定價：新台幣450元
ISBN：978-986-6841-89-7

Printed in Taiwan

國家圖書館出版品預行編目 (CIP) 資料

普格碼島的法師 / 唐宗浩作 . -- 初版 . -- 臺北市：
網路與書出版：大塊文化發行 , 2017.08
272 面 ;17*23 公分 . -- (Hermes ; 17)
ISBN 978-986-6841-89-7(平裝)

1. 電腦教育 2. 電腦程式設計 3. 小學教學

523.38　　　　　　　　　　　　106011051